決定版 寅さんの金言

現代に響く名言集

寅さん博士 落語家
立川志らく
Shiraku Tatekawa

ART NEXT

構成／溝口 努（株式会社ゼリグ）
装丁／青木貴子
校正／岸本 崇（株式会社ヴェリタ）
表紙写真提供／松竹株式会社

まえがき

私はよく「男はつらいよ」博士と言われるのだが、寅さんとの出会いはそんな昔ではない。映画を見始めた中・高・大学のころはもっぱらハリウッド映画中心。チャップリンからスタートして『ゴッドファーザー』に衝撃を受け、以降アル・パチーノ信者になり、やがて古いハリウッドの銀幕の虜になる。

落語家になってからは師匠談志の影響でビリー・ワイルダー、エルンスト・ルビッチといった粋なコメディを観まくり、ＭＧＭのミュージカルに行き着く。邦画にハマるようになるのは二十代後半になってから。小津安二郎、黒澤明、川島雄三、渋谷実といった邦画黄金期の巨匠の作品に惹かれ、やがて喜劇駅前シリーズのような洒脱な日本喜劇が大好きになった。なかでも一番好きになったのはフランキー堺。いまでもフランキー堺は渥美清と双璧の喜劇役者。ありとあらゆる往年の喜劇映画を観まくっていたある日のこと、ふと「男はつらいよ」をあまり観ていないことに気がつく。

まえがき

談志が「男はつらいよ」をまったく観ていなかった影響があったのだろう。なかなか私のアンテナに引っかからなかったのだ。しかし私を談志に紹介してくれたもう一人の師匠と呼ぶべき放送作家の高田文夫先生が「男はつらいよ」マニアだったので、これは観たほうがいいだろうと、我が家にはホームシアターがあったので、夜な夜な一人で第1作『男はつらいよ』から順に見始めた。志らく三十路半のころである。

48日で全作観終わり、気がつくと今度は48作から逆に1作目まで観ていた。さらに自分が気に入った第2作、第15作、第22作、第28作、第32作を見直し、その次はあまりピンと来なかった作品も、何が心に刺さらなかったのかと見直し、結果それらも好きになり、今度は好きなマドンナの作品だけを観たり、好きなゲストの作品だけを観たり、よし！もう一往復してみようと。数年の間、新作映画をほとんど観ないで、毎日のように「男はつらいよ」を観るようになってしまった。

やがて「男はつらいよ」について語りたくなり、自分の独演会で『男はつらいよ 48作ひとり語り』と題して全作品の魅力を一気に語る落語までやってしまった。そのとき噂を聞きつけた山田洋次監督が客席にいらして、聴き終わったあと「いやぁ、志らくは俺より詳しいなあ」とつぶやいていたと、そばに座っていた高田文夫先生が教えてくれた。

そして「男はつらいよ」博士となった私のところに関連の仕事が舞い込んでくるようになり、なかでも面白かったのが「男はつらいよ 寅さんDVDマガジン」（講談社）で、「志らくと寅さんの架空対談」と題して、全作品寅さんとマドンナの写真を両脇に置いて架空対談をおこなってしまった。

ある「男はつらいよ」関連の番組で佐藤蛾次郎さんとお話をしていて、帰り際、蛾次郎さんから「で、志らくは何作に出演していたの?」と。「いや、私は出ていませんよ」「あっ、そうなの。あんまり詳しいから出ていたのかと思ったよ」と源ちゃんに勘違いされる始末。でもその数年の後、最新作『お帰り 寅さん』に1シーンで落語家役、それも立川志らく役で出演を果たした。江戸川を背景に黄色い文字で「立川志らく」とキャスト表示されたときの感動ときたらなかった。

というわけで、そんな「男はつらいよ」に人生をよい意味で惑わされた志らくが、今一度寅さんの名言の素晴らしさと、さらに寅さんの言葉、存在が令和の時代にどのくらい受け入れられるのかを検証してみようとこの本に取り組んだ次第です。

ぜひこの本を片手に「男はつらいよ」を1作目から順に全作品ご覧ください。往復する必要はありませんが。

Contents | 目次

Contents

Contents

第1作

『男はつらいよ』

封切日：1969年（昭和44年）8月27日
マドンナ：光本幸子
ゲスト：志村喬
主なロケ地：奈良県奈良、京都、京都府天橋立

志らくの前口上

寅さんの奮闘努力

STORY

〝フーテンの寅〟こと車寅次郎。やんちゃだった寅次郎少年は、16歳のとき父親と大喧嘩、家を飛び出します。20年の月日が流れ、ふらりと葛飾柴又に帰郷。妹さくら（倍賞千恵子）と感動の再会を果たします。それも束の間、さくらのお見合いをぶちこわし、また旅の人に……。

「男はつらいよ」記念すべき第1作。初期の寅さんは、いかにも渡世人といった風情のアウトロー。ちょいと怖い印象を受ける人も多いでしょう。温和で優しい寅さんのイメージはなかった。でも、本当にピュアで、優しくて、妹思いの兄貴でしたね。博（前田吟）とさくらの結婚式には感動しました。しかし寅さん、本作で本当に恋していた相手は、妹さくらだったのではないでしょうか。妹よりも素晴らしい女性を探し求める。本作はそんな旅の出発点だったのではないか。私はそんなふうに思うことがあります。

理屈はいらない

ザマ見ろぃ。人間はね、理屈なんかじゃ動かねえんだよ。

とらやの裏にある印刷工場で働く博に向かって寅さんが言い放つセリフです。さくらに恋していた博が、兄貴の寅さんと対決します。大学も出ていないようなやつに大事な妹をやれるかと寅さんが言い放つと、博が即座に理屈で返す。

それに対して寅さんは、**「俺が芋食っておめえの尻からプッと屁が出るか？」**と言います。虚を突かれた博に対して、**「人間はね、理屈なんかじゃ動かねえんだよ」**と寅さんは得意顔です。理屈っぽい博をやっつけた。そんな顔です。

寅さん映画は特別篇などを含め全50作。「人間は理屈ではない」というのは、シリーズを貫くテーマの一つです。

人間はとかく理屈で考えたがる生き物です。ところが寅さんは違う。理屈より大切なものがある。**寅さんは「感情」で生きている。**これが重要なポイントです。

寅さんの女性の趣味は、幅広いですよね。恋する理由は理屈では説明できないし、相手の年齢やタイプもさまざまで法則もない。子連れの年増女性からまだ十代のロリコンと思われそうな若いお嬢さんまで広範です。しかも寅さんは女性の見た目だけで惚れるわけではありません。美しい人に出会って、ガーンと雷が落ちたように衝撃を受けてしまう。それで好きになるんだけれど、相手の人間性を含めて、心で好きになる。だから年齢もタイプも関係ありません。「人間は理屈じゃ動かない」というセリフは、**寅さんの行動原則を一言で表現した絶妙なセリフ**なのです。

さくらが勤務先の会社の子会社社長の令息と見合いをします。そこに乗り込んでいった寅さんが見合い話をドガチャガにしてしまう。せっかくの縁談を破壊してしまう。決して悪気があったわけではないのに、おいちゃんやおばちゃんに責められる。それが寅さんには理解できないし、面白くないのです。大切な妹がお見合いで結婚するということ、つまりどこの会社に勤めて資産がどれくらいあって将来性がどうでというスペックで相手を選ぶ、そんな〝理屈〟で結婚することが受け入れがたかったのではないでしょうか。見合いなんかで、結婚するもんじゃないよ……と。お見合い結婚がスタンダードだった昭和の時代に、誰よりも世の中に訴えていたのかもしれません。

お見合い結婚がいけないわけではありません。好きなように生きたっていいじゃないか。そんな自由な精神が寅さんの本質なのです。

もう一つのセリフを見ていきましょう。**「ザマ見ろぃ。人間はね、理屈なんかじゃ動かねえんだよ」**の直前に登場するセリフです。

「俺が芋食っておめえの尻からプッと屁が出るか？」

いかにも寅さんらしい表現です。でもいきなりこのセリフが名ゼリフだと言われてもよくわからないと思いますので、前後のセリフを紹介しましょう。

この場面は、密かにさくらへの恋心をつのらせている博が、さくらの兄・寅さんと江戸川堤の船内で対決するシーンです。寅さんは大学も出ていない印刷工場の労働者なんぞに、大切な妹さくらを結婚させるわけにはいかないと言い切り、博と仲間たちを怒らせてしまった。そこで博と寅さんが差し向かいになるのです。

博「もし、仮にあんたに好きな人がいて、その人の兄さんが、お前は大学出じゃないから妹は

やれないと言ったら、あんたどうする?」
寅さん「なになに?　俺に好きな人がいて、その人に兄さんが?　バカ野郎、いるわけねえじゃねえか。冗談言うない!」
博「いや仮にそうだとしたら、いまの俺と同じ気持ちになるはずだと」
寅さん「冗談言うなよ。俺がお前と同じ気持ちになってたまるかい。バカにすんなよ、この野郎!」
博「なぜだ?」
寅さん「なぜだ?　おまえ頭悪いな、おい。お前と俺とは別な人間なんだぞ。早い話がだ、俺が芋食っておめえの尻からプッと屁が出るか?　どうだ。ザマ見ろぃ。人間はね、理屈なんかじゃ動かねえんだよ。言いてえことがあんだったら言ってみなよ、バカ」

これが一連のセリフの流れです。理屈っぽい博は、寅さんが自分の立場だったら、自分の気持ちがわかるはずじゃないかと言いたかった。しかし、博の理屈は寅さんには通用しません。俺はお前ではないし、お前は俺ではないのだから、わかるわけがないだろう。俺が芋を食ってもお前の尻から屁が出るわけがないのだから……。

寅さんなりの考え方で返答しますが、博は「?」という顔をします。絶望的なまでに話が通じないことのおかしさがたまりません。しかし、博も内心クスッと笑いたくなってしまったに違いありません。二人はこのあと対立をやめて、酒場に繰り出しています。

要するに寅さんが言いたいことは、人間はそれぞれ違うのだということ。それを寅さん流の極めつけの名ゼリフで表現すると、**「俺が芋食っておめえの尻からプッと屁が出るか？」**となるわけです。寅さん一流のユーモラスな表現で、すっかり場が和んでしまった。

対立を話芸で和ませてしまう。寅さんの言い方がすごいのです。ここから「男はつらいよ」が続いていくわけですが、本作の名ゼリフがあったからこそ長く愛される映画シリーズとして成功したのではないでしょうか。

令和の寅さんなら何て言う!?

誰もが自由に恋愛できる現代ですが、最近また「お見合い」の時代に戻っているようです。そう、マッチングアプリ。出会いのきっかけとして利用者が多いそうです。寅さんだったら現代の若者たちに、きっとこんなふうに語りかけるのではないでしょうか。

「ちっぽけな機械なんかいじくって、性格や趣味がわかるのか？　それじゃあお前さん、ロボットが選ぶ相手を生涯の伴侶にしようってのかい。ほぉ、信じられないねぇ」

第2作

『続 男はつらいよ』

封切日：1969年（昭和44年）11月15日
マドンナ：佐藤オリエ
ゲスト：東野英治郎、山崎努
主なロケ地：京都府京都、三重県柘植

志らくの前口上

寅さんの奮闘努力

STORY

第2作には驚きました。寅さんの生みの親が登場するのです。実母・菊を演じているのがミヤコ蝶々。寅さんは生粋の江戸っ子だと思っていたのですが、大阪人の血が通っていたのですね。

葛飾商業の恩師・坪内散歩（東野英治郎）と、その娘・夏子（佐藤オリエ）にも再会を果たします。『水戸黄門』でおなじみ、昭和の名優・東野英治郎との掛け合いがじつに楽しいですね。それからマドンナが「寅ちゃん！」と呼ぶでしょう。あの言い方がじつにいいのです。第1作で冬子（光本幸子）に恋したのと同じで、幼なじみに惚れてしまう展開です。

そして若い医者（山崎努）と寅さんの対決。フーテンの寅さんは、自分とは真逆の堅実な職業に就いている人を忌み嫌う。しかも、そいつはだいたい恋敵なのです。本作は寅さんと恋のライバルの対決が見どころの一つになっています。

てめえさしずめインテリだな？

山崎努が演じる医者が登場。入院した寅さんが彼に食ってかかるのですが、そのとき飛び出すセリフが、**「てめえさしずめインテリだな？」**。破壊力のあるセリフです。インテリを全否定しているのですから。

しかも、**「てめえ、インテリだな」**とは言い回しが違う。「さしずめ」を加えている。「さしずめ」を辞書で引くと、「結局のところ」という意味です。

たとえば政治家・田中角栄に対して、実績は十分だけれど、結局は小学校しか出ていないじゃないかというとき、「さしずめ小学校出じゃないか」などという言い方をする。**しょせんその**

程度なのだから、たいしたことがないという文脈です。

ところが「てめえさしずめインテリだな?」はどうでしょう。医者は社会的に地位も名誉もある。フーテンの寅さんとは大違い。その当人に向かって「さしずめインテリだな?」というのは、言葉のつながりとしては、本当はおかしいのですよ。

「あーそうか、てめえはインテリだったな(だからダメなんだよ)」

「てめえはインテリだったか(それならしょうがないわ)」と言っている。「さしずめ」という言葉一つで、インテリの地位をズドンと下げる効果がある。寅さんと同じ目線まで下げてしまうことができる。寅さんの見事なワードチョイスが決まった名ゼリフです。

山田洋次監督は、このセリフは寅さんを演じる渥美清の**アドリブから生まれた名ゼリフ**だとおっしゃっていました。現場で飛び出した渥美清のアドリブに「それは面白い!」と瞬時に反応して映画に取り入れる山田監督の慧眼ですね。

では、寅さんはなぜインテリが嫌いなのか。その秘密は、第1作を観ればわかります。マドンナ、御前様の娘・冬子は、大学教授と婚約していたことが判明します。残酷なフラれ方でしたね。寅さんは江戸川堤にしゃがみ込んで、しくしく涙を流していましたよ。

第2作にもインテリ野郎が登場した。今度は医者か。寅さんには、今度こそ負けられない気持ちがあったのではないでしょうか。だから最初から、医者への対決姿勢を露わにするのですね。しかし、シリーズを通してこの先何人もの「インテリ」と寅さんの〝交流〟が描かれます。第10作『寅次郎夢枕』では東大助教授（米倉斉加年）、第15作『寅次郎相合い傘』の会社重役（船越英二）と親しくなります。

インテリにも自分と同じ人間の感情がある。そのことに気付くのです。ひと皮むけばまったく俺と同じ人間だ。恋もするし、悲しいときは泣く。苦しいときも切ないときもある。だから、寅さんは、そういった人たちのことを応援するようになっていく。

「男はつらいよ」は、**寅さんの気付きと成長を描く物語。**数作で終わることなく、大河ドラマのように長く続くシリーズになっていきます。

令和の寅さんなら何て言う!?

「さしずめインテリだな」というセリフの面白さは、いまは通じにくいかもしれません。現代はコンピュータと頭脳を駆使した人が金儲けできる時代。寅さんに言わせたら現代人の多くがインテリなのです。IT業界だって生き馬の目を抜く世界ですから、死にもの狂いになって働いているのでしょうけれど、額に汗して働くことが労働だと思っている寅さんだったら、「それで幸せかい？」なんて言うかもしれませんね。

第3作

『男はつらいよ フーテンの寅』

封切日：1970年（昭和45年）1月15日
マドンナ：新珠三千代
ゲスト：香山美子、河原崎建三
主なロケ地：三重県湯の山温泉

まくらの前口上

寅さんの奮闘努力

STORY

本作では、寅さんに見合い話が持ち上がります。相手は昔なじみの亭主持ちというから大騒動に発展。その後、竜造（森川信）とつね（三崎千恵子）夫婦が温泉旅行に行くと、どういうわけか寅さんが旅館の番頭をしています。美人女将・志津（新珠三千代）に一目惚れして居着いてしまったというから、またまた大騒動に……。

第３作の監督は、事情があって山田洋次監督の仲間である森﨑東監督が務めています。監督が違っても出演している俳優陣はいつものメンバー。ただ、やっぱり雰囲気が違いますね。寅さんのアウトローな側面が強調されています。

新珠三千代演じる女将の弟、そいつが芸者に惚れている。この二人を何とか一緒にしてやろうと寅さんが奮闘する。若々しくて威勢のいい寅さんに会える第３作は、寅さんの人間性にスポットを当てた異色の作品です。

俺たちの旅は桜の花と一緒よ。花見の旅だい。

このセリフは、第3作のラストシーンに登場します。正月、鹿児島から種子島行きの連絡船に乗り込んだ寅さん。船は帰郷を急ぐ若者や島の女性、お年寄りたちでいっぱい。この人たちに囲まれて寅さんは自分の旅の行方を得意げに語っている。そんなシーンです。

「今度鹿児島に帰ってくるのは3月の頭かな。桜の花もぼちぼち咲こうってころよ。それから熊本、小倉、尾道、ずっと下がって4月は関東、5月は東北、6月は北海道。俺たちの旅は桜の花と一緒よ。花見の旅だい」

そう言うと、すっかり勢いづいて、啖呵売のセリフを披露します。

「四角四面は豆腐屋の娘、色が白いが水臭い。四谷赤坂麹町、ちゃらちゃら流れるお茶の水、粋な姐ちゃん立ちションベンってなどうだ！」

寅さんを演じる渥美清の名調子ですよ。聴きほれてしまいます。

肝心の**「俺たちの旅は桜の花と一緒よ。花見の旅だい」**ですが、日本人なら誰でもわかる情感を短いフレーズに凝縮したセリフです。春になると桜前線が徐々に北上していく。寅さんのような行商人は、全国津々浦々に咲く桜の花と同じように、各地を巡っていく。そんなたとえでもある。「花見の旅だい」という最後のフレーズには、花見をするような気楽な稼業なんだよと粋がって見せているのですね。

春になると咲く桜を世界でいちばん大切にしているのが日本人です。江戸より前のはるか昔から、平成、令和の時代に至るまで、日本人は桜と富士山をセットで、不変の価値観として大切にしてきた民族です。**桜と富士山は日本人の象徴**ですよ。

寅さんの映画が始まる前に出てくる松竹のオープニング映像があります。あれこそ日本。松竹の富士山がどーんと出て、「男はつらいよ」の主題歌のメロディー、やがて寅さんが現れる。これほど日本人を象徴的に示す絵柄はないでしょう。

前述したとおり、第3作は森崎東監督。続く第4作は小林俊一監督。山田監督の人情味あふれる味とはちょっと違う作品ができあがった。でも、第3作で「俺たちの旅は桜の花と一緒よ。花見の旅だい」という粋な名ゼリフが登場した。

私の想像ですが、映画を観た山田洋次監督は、**日本人が愛する桜と富士山と寅さん**が同列になったことに気がついたのではないでしょうか。

日本の懐かしい原風景、日本人ならではの人情を描き切るには、自らがメガホンを取らなければならない。稀代の喜劇俳優・渥美清とタッグを組んで、じっくりと腰を据えて作っていかなければならない。それが映画監督たる自分の使命だ……。

そんなふうに想像させる名ゼリフでもあるのです。

令和の寅さんなら何て言う!?

現代の人も、やはり富士山や桜は好きですよね。富士山や桜を愛でる感覚は、やっぱり日本人なら誰にでも理解できる。だったら寅さんの映画も、全部観ておかないといけませんよね、日本人なのですから。

「俺たちの旅は桜の花と一緒よ。花見の旅だい」は、現代にもそのまま響く名ゼリフです。いつの時代も変わらない日本人としての価値観が、ここにあるのです。

第4作

『新 男はつらいよ』

封切日：１９７０年（昭和45年）2月27日
マドンナ：栗原小巻
ゲスト：財津一郎、三島雅夫
主なロケ地：愛知県名古屋市、大分県由布岳

志らくの前口上

寅さんの奮闘努力

STORY

競馬で大儲けした寅さんは、名古屋から柴又まで、はるばるタクシーで凱旋。竜造とつねにハワイ旅行をプレゼントする大盤振る舞いです。ところが出発の朝、旅行会社の代金持ち逃げが発覚。メンツをつぶされた寅さんは反省の旅へ。再び柴又に帰ると、とらやの２階に麗しい幼稚園の先生・春子（栗原小巻）が下宿していて……。

第３作の森﨑東監督に続いてメガホンを取ったのは、テレビドラマシリーズ『男はつらいよ』を手掛けた小林俊一監督です。ロケ撮影は少なくて、スタジオ撮影がメイン。柴又界隈を中心に物語が展開するので、喜劇俳優の活躍が際立つ作品になりました。当然おいちゃん・竜造を演じる森川信、泥棒役で財津一郎が登場。二人の掛け合いが楽しいですね。そこに寅さんを演じる渥美清がからみ、見事な喜劇俳優ぶりを発揮します。喜劇人のバトルが見事な作品になりました。

雪駄っつうものはね、日本古来の履物だ。あっしはこれを履いてね、パリだってロンドンだってあたしゃ平気で行きますよ。

寅さんのトレードマークといえば、**格子柄の背広にダボシャツ、足元は雪駄**で決まりです。雪駄というものを現代の若者はご存じないかもしれません。草履の一種で、防水用に裏面皮を張り、鼻緒の裏に留め金がついた履物です。寅さんは足の親指にちょこんと引っかけるようにして履いている。雪国に出かけても、大雨の日でも、つねに雪駄履きなのです。これが**寅さん極めつけの粋なファッション**なのです。

「雪駄っつうものはね、日本古来の履物だ。あっしはこれを履いてね、パリだってロンドンだってあたしゃ平気で行きますよ」

このセリフは、競馬で大儲けした寅さんが、竜造とつねを連れて豪華ハワイ旅行に出かける当日、出発を見送るためとらやに集まった柴又の人々の前で言ってのけました。寅さんは、アロハシャツに白いジャケットなんかを着てオシャレな装いなのですが、足元だけはいつもの雪駄履きなのです。御前様に**「お前、草履ばきでハワイに行くのか」**と呆れたように言われて、とっさに口を突いて出たセリフに、みんな大爆笑となります。

雪駄という日本古来の履物で、パリでもロンドンでもハワイでも堂々と出かけていく。日本人なのだから当たり前じゃないか。無理をして雪駄履きではないのです。

映画が公開された当時だって、寅さんみたいな格好で外を出歩く人は珍しかったのです。それが海外旅行に行っても普段通りの自分を貫く。自分はこれがいいのだと思うなら、まわりが何と言おうと関係ない。他人にどう思われようがわが道を行く。自分がいちばん快適な状況なら、それでいいじゃないか、と。

寅さんは日本文化を海外に広めるために雪駄履きで出かけるのではありません。あくまで自分らしい格好だからこれでいいというのです。日本が最高と言っているようでいて、じつは**日本的な価値観を否定**している。他人の目を気にする、目立つのはよくない、出る杭は打たれる、外国に出かけるなら郷に入っては郷に従え、日本人らしい格好をしていたら恥ずかしい。そんな**日本人的な価値観に「ノー」**と言っている。

俺がいいと思うなら、それでいいのだ。寅さん流の自由な発想で生きていくことをここで表明している。何気ないセリフですが、寅さんのスタイルを確立するとともに、日本の国民的映画でありながら、日本人気質を見事に批評するセリフでもあるのです。日本人はみんなと一緒じゃないと嫌。でも、それっておかしくないかい？　という寅さんの抵抗です。

第４作が公開されたときは予想もつかなかったでしょうけれど、寅さんは第41作で海外旅行に出かけます。行き先はロンドンでもパリでもハワイでもなく、オーストリアは音楽の都ウィーンです。やっぱり寅さんは雪駄履きで石畳の街並みを闊歩していましたね。

令和の寅さんなら何て言う!?

日本人の気質として、みんなと一緒じゃないと怖い。でもそれを不快に思っている人は世の中にはいっぱいいる。みんなどこか他人と同じなのはイヤなのです。いまの世の中、多様性を大事に……なんてよく言いますが、寅さんこそ多様性の権化。画一的な日本の社会を大人たちがつくってしまったのだけれど、若者たちはそんな社会に対する反発や違和感があるでしょう。当然です。このセリフは現代の若者たちにこそ響くことでしょう。

第5作

『男はつらいよ 望郷篇』

封切日：1970年（昭和45年）8月26日
マドンナ：長山藍子
ゲスト：杉山とく子、井川比佐志
主なロケ地：北海道札幌、北海道小樽、千葉県浦安

志らくの前口上

寅さんの奮闘努力

STORY

第3作と第4作を仲間に任せた山田洋次監督が、いよいよこの第5作で復帰。以降、「男はつらいよ」シリーズは山田洋次監督が手掛けます。物語のほうは、寅さんが世話になり義理のある親分が危篤との知らせを受け、寅さんと弟分・登は北海道札幌へ。そこでやくざ渡世の惨めな最期を目の当たりにして、蒸気機関車の機関士を務める青年と出会い、すっかり影響を受けて柴又へ帰ってきます。

油まみれ汗まみれになって労働をしよう。地道な暮らしを目指すのだ……。そう改心した寅さんは、木舟で漂着した浦安の豆腐店で働き始めます。店の一人娘・節子（長山藍子）に惚れ、労働にいそしみます。しかし寅さんは、ひどいフラれ方をしてしまいます。見ていて同情を禁じ得ませんでした。こちらの気持ちがグッと寅さんに入って応援したくなる。そんな初期の傑作でございます。

本当の幸せ

地道な暮らしは無理だったよ、さくら。

本作から山田洋次監督が監督に復帰。思いっきり人情的な作品になりました。浦安に流れ着いた寅さんは豆腐屋で働き始めます。年がら年中ふらふらと旅ばかり続けていたフーテンの寅さんが、きちんと定住して、朝早くに起きて、まさに汗だく、油まみれで働く喜びを感じるのです。やっぱり事情がありまして、豆腐屋の娘・節子（長山藍子）に惚れてしまったから。彼女のために懸命に生きていこうとする寅さんがじつに健気です。

そんなある日、節子は寅さんに、「ずっとうちの店にいてもらえないかしら」なんてことを言います。これが悲劇の始まり。寅さんはすっかり舞い上がり、節子と自分は結婚をして、一

生ここで地道な暮らしをしていこうと覚悟をします。

しかし、節子の真意は全然違っていた。節子にはじつは恋人（井川比佐志）がいて、彼と結婚するために実家を出たい。でも、自分が家を出たら母親（杉山とく子）だけになってしまう。そこに寅さんがやってきてくれた。寅さんと入れ違いに、自分は出ていける。

それでも節子が憎めないのは、寅さんを思わせぶりに誘うような素振りは見せなかったからなのです。寅さんだけが一方的に舞い上がってしまった。そうとしか思えないような長山藍子の屈託のない演技が見事ですね。

ちなみに映画シリーズより前に放送されていたテレビドラマ版『男はつらいよ』（1968年より全26回にわたって放送）では、寅さんの妹役さくらを演じていたのが長山藍子でした。博役は前田吟ではなく、本作で長山藍子とカップルになる井川比佐志。寅さんが井川比佐志演じる青年にばったり出くわしたとき、**「お前の亭主の博に似てやしねえか？」**とさくらに言うというたまらないギャグがあります。お見逃しなく。

さて、今回は本当につらい失恋でしたね。これまでの自由気ままなフーテン暮らしから足を洗い、豆腐屋として毎日労働し、愛する女性と暮らしていく。そのことに人生を見出していたのに、すべてが壊れてしまったのですから。さしもの寅さんだって、もうボロボロだったのではないでしょうか。

そこでさくらに向かってボソッとこぼすセリフがこれなのです。

「地道な暮らしは無理だったよ、さくら」

寅さんは自由奔放に生きているんだけれど、実の妹さくらがいて、おいちゃんもおばちゃんもいる。年齢的にもそろそろ職を持って地に足をつけた生活をしていかなければならない。流れ着いた浦安の豆腐屋で働き、人生の喜びを見出していく寅さん。こんな暮らしもいいものだなぁとしみじみ語る。だから奮闘努力してきたのに、すべて水の泡になってしまいます。

自分には地道な暮らしができない。寅さんは、シリーズ全作を通じて悩み続けます。**「地道な暮らし」は寅さんを語るうえで外せないテーマ**なのです。

地道な暮らしがいちばん幸せ。そんなことは人間なら誰しも理解していることです。宝くじで2970億円相当が当たったアメリカ人がいたけれど、お金目当てで近づいてくる人ばかりが増えて、結局誰も信用できなくなり、すごく不幸な人生を過ごしているというエピソードを聞いたことがあります。大金持ちになること＝幸せではないのです。

お金があるがために、かえって不幸になることもある。そんな大金を手に入れるぐらいなら、ずっと地道な暮らしをしていたほうがよかったでしょうね。

それでも人間には欲があるから、一攫千金当てたい、お金持ちになりたい思いがある。きれいな女優と結婚したい、人がうらやむような美女と結ばれたいと思う。ところが本当に女優やアイドルなんかと結婚したら、どんなに大変なことになるか。

芸能界に身を置く私のような人間が言うのも変なんだけれど、役者やスターというのは世間の常識で考えたらまともな人間ではありません。銀幕のスター、イングリッド・バーグマンだって、イタリアの映画監督、ロベルト・ロッセリーニと不倫の末に結婚しました。世間からは大変なバッシングを受けた。ビビアン・リーとローレンス・オリヴィエだって〝ダブル不倫〟です。二人は家族を捨てて愛を選びくっついてしまう。すべてを芸の肥やしにして大きくなっていく。やっぱり大スターとして名を残す人は、感覚が普通の人とは違うのです。世間と同じ物差しを当ててはいけません。

地道な暮らしは平和な人生の土台です。世間体を気にして生きていくしかない人間がほとんどですが、それでもいいではありませんか。地道に暮らしていければそれで……。

寅さんはそんな世間とは真逆に、**人間らしく、自由奔放に、勝手気ままに、明日は明日の風が吹くといった調子で生きている。**見ている我々にとっては憧れの存在です。寅さんみたいに生きられたらいいなと思う。私も寅さんに憧れて、寅さんになりたかった。でも、寅さんみたいには絶対に生きることができないこともわかっていますから、地道に、真面目に働いて生活していく。家族を養っていく。でもやっぱりたまには耐えきれなくなって、ハメを外したくなる。それが人間というものではないでしょうか。

寅さんが、**「地道な暮らしは無理だったよ、さくら」**と、ポツリと打ち明けることによって、私たち観客は、寅さんの言うとおり、やっぱり地道に暮らしていくのがいちばんだと確認できます。寅さんに地道な暮らしは無理だったのだから、俺たちはせいぜい地道な暮らしをやっていけばいいじゃないかと自己肯定できる。だから日本人はみんな寅さんを見ると安心するし、寅さんを支持するのです。

令和の寅さんなら何て言う!?

寅さんはいいな、格好いいなと憧れても、本当に寅さんのように生きることはできません。昭和の時代でさえ社会の枠からはみ出していた寅さん。現代だったらもっと生きていくのが大変かもしれません。でも、昭和から令和へ、世の中の価値観も何もかも一変したなかで、寅さんはどのような働き方をして「地道な暮らし」を実現しようとするでしょうね。パソコンやスマホを使ってオフィスで働く姿は、とても想像できませんが……。

第6作

『男はつらいよ 純情篇』

封切日：1971年（昭和46年）1月15日
マドンナ：若尾文子
ゲスト：森繁久彌
主なロケ地：長崎県五島列島（福江島）

志らくの前口上

寅さんの奮闘努力

STORY

「男はつらいよ」シリーズを通じて描かれる大きなテーマの一つは「故郷」です。

今回寅さんが旅していたのは長崎・五島列島。福江島に渡る港で、寅さんは赤ん坊をおぶった若い女性（宮本信子）に宿銭を無心されます。次の日、福江島の実家まで女性を送り届けると、彼女の父親で島の漁師がいた。演じるのは昭和の名優・森繁久彌。森繁先生と渥美清の場面がじつに素晴らしい。そして娘を愛する父親の思いに触れた寅さんは、故郷が恋しくなったのでしょう。葛飾柴又へ帰っていく。郷愁ですね。すると今度は、とらやに美しい女性・夕子（若尾文子）が下宿していて、一瞬で恋に落ちてしまう……。

当時の大スター、森繁久彌と若尾文子が登場して、いよいよ「男はつらいよ」が国民的人気を博すようになります。日本人らしい故郷への思いを描いた作品でもありますね。

頭のほうじゃわかっているけどね、気持ちのほうが、そうついてきちゃくれねえんだよ。

今回の寅さんは、事情があって夫と別居している人妻に恋をしてしまいます。ご亭主がいる人妻を好きになっちゃいけない。そのことぐらい頭ではちゃんとわかっている。それくらいの常識は俺にだってあるのだとさくらに説明しているのですね。**頭では理解しているのだけれど、気持ちがついてきてくれない。**だから困ってるんだと打ち明けるセリフです。

寅さんは多くの女性に恋をします。まずは見かけの美しさからドーンと一瞬で恋に落ちてしまうケースがほとんどですが、決まったタイプはありません。年上の場合もあれば、極端に年下の場合もあります。最初は見かけだけれど、相手の心の清らかさに触れ、**気持ちのほ**

うで好きになってしまう。

相手が人妻だろうが、地位や身分、職業などは関係ありません。人妻であるということも寅さんにとっては恋愛の障壁にならない。惚れてしまったら仕方がない。でも、人妻に惚れちゃいけないのはわかっている。自分でもこの気持ちをどうにもすることができない。その思いを素直な言葉で表現したセリフが、**「頭のほうじゃわかっているけどね、気持ちのほうが、そうついてきちゃくれねえんだよ」**なのです。

とかく理屈で考えがちな現在の恋愛では、寅さんの思いはなかなか理解しにくいかもしれませんね。最近話題になっている**「カエル化現象」**をご存じでしょうか。もともとは、片思いから両思いになった途端に突然相手のことが嫌いになってしまう、気持ちが冷めてしまう現象だそうです。グリム童話の「カエルの王子様」が起源で、気持ち悪いと思っていたカエルが、じつはすてきな王子さまだったというお話です。カエル化現象はその逆ですが、好きから嫌いに180度転換してしまう現象を言い表すのだとか。

たとえば付き合っている彼氏とフードコートに行って、ラーメンをトレーに載せて席を探すためにキョロキョロしている。それを見ただけでカエル化してしまう。つまり何気ない仕草だけで嫌いになってしまうのだそうです。これが令和の若い子たちの恋愛感覚だと聞いて、面白いなと思いましたね。

これは相手の行動を理屈で考えた結果、「あ、いやだ」と判断し、カエル化現象が起きて、相手を否定してしまうという思考の流れですよね。私なんかは、相手の格好悪い姿を見たらかわいらしいところがあるな、人間らしくて好感が持てるなと思うのです。だって好きになった相手なのだから、どんなに格好悪くたって、それも含めて惚れてしまうでしょう。それは理屈では説明できないこと。きっと寅さんも賛成してくれると思います。

カエル化現象は、**理屈より気持ちで恋をする寅さん**にしてみたら、ちょっと考えられない現象かもしれませんね。

令和の寅さんなら何て言う!?

恋愛におけるカエル化現象もそうだけれども、結婚相手をマッチングアプリで選ぶ時代ですから、恋愛もやがてＡＩで分析されてしまう。そんな時代になっていくのでしょうか。寅さんだったら、「なんだか知らねえが、そんな計算機みてえなもんで、愛だの恋だの語ってほしくないね。人間は気持ちの生き物じゃないのかい？」と言いそうです。もやもやした割り切れない気持ちを抱えて生きていくことも、また人間らしくていいのではないでしょうか。

第7作

『男はつらいよ 奮闘篇』

封切日：1971年（昭和46年）4月28日
マドンナ：榊原るみ
ゲスト：田中邦衛
主なロケ地：青森県鰺ヶ沢、静岡県沼津

志らくの前口上

寅さんの奮闘努力

STORY

寅さん、正直に申し上げますと、私はこの作品を最初に観たときは、あまり好きな作品ではありませんでした。京都で暮らしている寅さんの実母・菊（ミヤコ蝶々）が柴又にやってきて大騒動になる。そこまではワクワクしました。

ところが母親と大喧嘩の末にプイと旅に出た寅さんが出会うのが、東北なまりの少女・太田花子（榊原るみ）。その後、寅さんは柴又で花子と再会、楽しい日々を過ごすのですが、マドンナの花子は知的障がいを持つ女の子でした。直球ではなく変化球で攻めてきたので、最初は違和感があったのです。しかし、歳を重ねてから観ると、もう途中から涙が止まらなくなりました。私も人として成長して、少しは人生がわかるようになってきたからかもしれません。寅さんの優しさと、花子への同情心が恋心に変わっていく心情が、痛いほど伝わる作品です。

月にむら雲、花に風、一寸先の己が運命。わからないところに人生の悲しさがあります。

本作は、シリーズの中でも少々異色な作品です。寅さんが、表現は難しいけれど知的障がいがある少女を好きになってしまう。そこでわかることは、寅さんは容姿だけで相手に惚れるわけではないということ。まずは美しい容姿で惚れるケースも多いのですが、今回はまったく違います。

沼津駅のラーメン屋で花子と偶然に出会い、最初はちょっと不憫に思った。花子に気付いた自分が面倒を見てやらないといけない。そんな寅さんの親切心でした。

ところがとらやで花子と再会すると、寅さんの気持ちは恋心に変わっていきます。花子の心の清らかさに、どんどん惚れていくのですね。保護者の立場で接しているうちに、花子は俺が守ってやらなければならないと思う。花子もそれに応えてくれる。寅さんの恋心はますます盛り上がっていくのです。

寅さんは「縁は異なもの味なもの」を間違えて、**「ミドリは異なるものよ、味なるものよ」**と言ってしまったりします。自分はこんなに学のない人間なんだけれど、もしかしたら花子のような純真な心の持ち主であれば、案外うまくやっていけるのではないか。これまでいろんな恋愛を経験してきたけれど、花子のような人と一緒になるのが幸せなのではないか。お互いにとってそれが一番の選択なのではないか。寅さんは気付くわけです。

そこで出てくるのが、この名ゼリフです。

「一寸先の己が運命。わからないところに、人生の悲しさがあります」

お互いに両思いなのだけれど、もしも二人が結ばれても、その先のことは誰にもわからない。その選択が本当に正しいのかどうか、本当に花子にとって幸福なのかどうか……。

たとえ寅さんが不幸になっても、花子だけは本当に幸せになる確証があるならば、結婚すればいいだけのこと。しかし、もしかしたら**この子は自分と一緒になることによって、ものすごく不幸になってしまう可能性がある**のではないか。それがどう転ぶかわからないから人生は悲

しいと、寅さんは言うのです。

そのことに気付いた寅さんは、花子と一緒にならない道を選択するわけですね。

その代わりに登場するのが、もともと花子の面倒を見ていた学校の先生（田中邦衛）です。はるばる青森から上京して、花子を迎えに来る。ドラマ『北の国から』と同じキャラクターで現れますから、一瞬**「黒板五郎さん!?」**と思ってしまいます。

この先生のもとに戻ることが花子にとって最高の幸せであり、もっと明るい人生が待っているはずだ。だから、寅さんはスッと身を引くことができたのですね。

寅さんの愛とは〝犠牲愛〟なのです。自分が幸せになるための恋愛など一つも考えない。それが寅さんなのです。

令和の寅さんなら何て言う!?

犠牲愛の人、寅さんにしてみたら、ストーカーなんて信じられないでしょうね。自分が幸せになるために、相手が怖がって逃げてもものにしたい。拒絶されても追い掛けまわす。自分が好きになった人が不幸になる。自分の欲望のほうを優先して、相手が不幸になってもいいという考え方ではありませんか。寅さんは真逆です。自分が不幸になってもいいから、自分が好きな人に幸せになってもらいたい。ストーカーには反省していただきたいものです。

第8作

『男はつらいよ 寅次郎恋歌』

封切日：1971年（昭和46年）12月29日
マドンナ：池内淳子
ゲスト：吉田義夫、岡本茉莉、志村喬
主なロケ地：岡山県備中高梁

志らくの前口上

寅さんの奮闘努力

STORY

寅さんマニアの中には、この作品をナンバーワンに推す人もいる傑作。寅さんの魅力がギュッと詰まっています。

物語は、とらやに博の母親が危篤との知らせが届き、博とさくらは岡山県備中高梁へ急行。母親は亡くなりますが葬儀にひょっこり寅さんが現れ大騒動に。寅さんは備中高梁に残り、博の父（志村喬）と交流を深め、人間らしい暮らしをしなければならないと悟ります。

葬式のシーンは、まるで小津安二郎の映画を見ているような、人間の心の優しさとか、おかしみなどの機微がにじみ出ています。柴又に帰ってくると、近所で喫茶店を営む女性・貴子（池内淳子）と出会う。彼女もいろいろ訳ありで、寅さんは何とか助けてあげようとする。とにかく大人たちが自分の苦しみをぐっと飲み込んで物語が進行していく。大人のドラマが展開する傑作です。

てめえが好きで飛び込んだ稼業だから、今さらグチも言えませんが、はた目で見るほどラクなもんじゃないですよ。

今回の寅さんの恋のお相手は、帝釈天のすぐそばにある喫茶ロークの店主・六波羅貴子（池内淳子）。小学生の男の子が1人いて、ご亭主とはもう別れてしまっている。どうやらたちの悪い金融業者から借金をしているらしい。そのことに寅さんは気付くのだけれど、お金に関しては寅さんも余裕がありません。貴子を助けることができず歯がゆい思いをしています。そんななかで貴子への恋慕をつのらせていくのですね。

寅さんは貴子の生活を助けたいと思う。でも、手を差し伸べれば、貴子を哀れんでいることにもなってしまう。貴子も寅さんの前では苦しみの素振りを見せません。だから寅さんも気付かぬフリをしている。**自分の苦しみをぐっと飲み込んで物語が進行していく。そんな大人のドラマ**なのです。たまらない気持ちになる作品です。

ある夜、貴子の家を訪ねた寅さんは、縁側で貴子と話し込みます。貴子は寅さんのように気ままな暮らしに憧れの気持ちを持っていて、いまの生活苦から抜け出し、何もかも捨てて自由になりたい願望を持っているのでしょう。

「いいわね、旅の暮らしって」と貴子。すると寅さんが、**「てめえが好きで飛び込んだ稼業だから、今さらグチも言えませんが、はた目で見るほどラクなもんじゃないですよ」**と返すのです。

寅さんの自由なフーテン暮らしに憧れているのは貴子だけではありません。寅さんファン全員がそうでしょう。寅さんみたいな生き方ができたらいいなと思う。それに対して初めて寅さんが、なかなかこれで大変なこともあるんですよとグチをこぼすのです。寅さんの本音を聞いたような気がしてハッとさせられると同時に、ますます寅さんを応援したくなる。そんな名ゼリフでもあります。

はたから見ていて楽しそうに見える仕事……たとえば、私のような落語家もそうでしょう。たしかに落語が好きで落語家になった。自分が好きな道を追求する。そういう生き方です。他人から見れば、好きなことだけで食べているんだから、そんな気楽な仕事はないと思うでしょう。**私の師匠・立川談志**のエピソードで、タクシーの運転手が、

「あんた方は20分や30分しゃべってお金をもらって、うらやましいよ。こっちは1日中運転して大変なんだぜ」と言った。そうしたら談志が、

「それならお前もやればいいだろう」と返した。談志は毒舌の人だから、やれるものならやってみろと皮肉を込めたのですね。

でも寅さんはとてもソフトな人ですから、「はた目で見るほどラクなもんじゃないですよ」とサラリと答えたわけです。これには自由業に就く観客たちが、「そうなんだよ、口では言えないんだけれど、俺たちの仕事だってはたで見るほど楽じゃないんだよ。**よくぞ言ってくれた寅さん！**」と溜飲を下げたでしょうね。

寅さんから旅に誘われたい気持ちになりかけている貴子に対して、あなたが生きている世界と、こちらの世界は違うのですよと諭す意味もありました。そんな**大人の優しささえ感じる深い意味のあるセリフ**です。

それからもう一つ忘れられない場面があります。名優・志村喬がさくらの夫・博の実父・飈一郎役で、第1作に続き2度目の登場です。博のお母さん（つまり飈一郎の妻）が亡くなった。

博は備中高梁の実家に帰る。颱一郎は昔の人らしく無口で頑固。博は母親に対する父親の態度が昔から気に食わなかった。だいたい父親と大喧嘩をして実家を飛び出したきり、タコ社長の印刷工場に勤め、さくらとの結婚式で再会するまで親の顔を見ていなかったぐらいですから。博は、お母さんはまるで女中のようだったじゃないかと父親を非難します。

それを聞いた颱一郎は反論もせず、ただじっと博が叩きつける言葉を受けとめている。何か少しでも言い訳をしたら、すべてが崩れ去ってしまう。だからでしょうか、何も言わないままスッと立ち上がり、その場を去って行きます。セリフはないけれど名シーンでした。

それから颱一郎と寅さんとの交流も忘れられません。寅さんファンの間では伝説となっている「リンドウの花」です。

「ぽつん、と一軒家の農家が立っているんだ。リンドウの花が庭いっぱいに咲いていてね、開けっ放した縁側から明かりのついた茶の間で家族が食事をしているのが見える。まだ食事に来ない子どもがいるんだろう、母親が大きな声でその子どもの名前を呼ぶのが聞こえる。私はね、いまでもその情景をありありと思い出すことができる。庭一面に咲いたリンドウの花。あかあかと明かりのついた茶の間。にぎやかに食事をする家族たち。私はそのとき、それが、それが本当の人間の生活ってもんじゃないかと、ふとそう思ったら急に涙が出てきちゃってね。(中略)

人間は人間の運命に逆らっちゃいかん。そこに早く気がつかないと不幸な一生を送ることになる。わかるね、寅次郎くん。わかるね」

名優・志村喬の言い回しがなんともいえずいい。何気ないセリフなのに、黒澤明監督作品の重鎮が語ると、こんなにもすごいセリフになるのですね。これに寅さんがしびれてしまう。

すっかり飈一郎に感化されて帰郷した寅さんは、とらやのみんなの前で、リンドウの花の話を語って聞かせる。しかし、寅さんが語るとなんだかおかしくなってしまう。付け焼き刃は剥げやすい。知ったかぶりで得意げに話すのがなんともいえず笑えるシーンになっています。このあたりはさすが古典落語をよくご存じの山田洋次監督らしい楽しい脚本になっていますね。

令和の寅さんなら何て言う!?

「毎度ばかばかしいお笑いを申し上げます……」なんて、落語家は気楽な稼業だと言われます。しかし、この世界は前座から修行を重ねて、落語を憶え、人様の前で演じてもウケたりウケなかったり。他人には言えない苦労がある。でも苦労を口にするのはヤボというもの。じっと辛抱して芸を磨く。もし寅さんだったら、「よう、兄さんたち。はたで見るほど楽な商売じゃないよな。せいぜい頑張るんだよ」と応援してくれるでしょうね。

第9作

『男はつらいよ 柴又慕情』

封切日：1972年（昭和47年）8月5日
マドンナ：吉永小百合
ゲスト：宮口精二、佐山俊二
主なロケ地：石川県金沢、福井県東尋坊、岐阜県多治見

志らくの前口上

寅さんの奮闘努力

STORY

今回は寅さん、シリーズの中でも最も〝高嶺の花〟のマドンナに恋をしてしまいましたね。可憐で美しい吉永小百合が登場した時点で、この恋は間違いなく失敗に終わると観客全員がわかってしまう。寅さんだけが気付かないのですね。

帰郷したとらやの店先に「貸間あり」の札がかかっていて、自室を貸しに出された寅さんは激怒し、再び旅の空へ。北陸路で若いOL３人組と出会いますが、その中の一人が吉永小百合演じる歌子でした。どこか寂しげな表情だった歌子が柴又を訪ね、寅さんと楽しい日々を過ごします。寅さんの恋心にも火がついていくのですが……。

映画の最高の見せ場は、夜の帝釈天題経寺。「別れ」の名場面です。最高に皮肉なのですが、歌子の喜びと寅さんの哀しみが交錯する、芸術的なシーンでもありました。忘れられない名場面ですね。

ほら見な、あんな雲になりてえんだよ。

第9作まで立て続けに恋のお相手、マドンナに振られ続ける寅さん。第9作でも寅さんは、北陸旅行で出会ったOL、吉永小百合演じる歌子と楽しいひとときを過ごすうちに、だんだん恋をするようになっていきます。

歌子との幸せな未来まで思い描いていた寅さんでしたが、じつは歌子には違う相手がいた。父親（宮口精二）が相手との結婚を認めてくれず、そのことで思い悩んでいた。そんなときに寅さんと出会い、心が解放されて、自分の意思で幸せになる道を選びとる決意をする。でもそれは、**寅さんにとっては悲劇**なのです。「寅さんのおかげよ」と感謝されるのですが、それは寅さんの恋の終わりでもある。とてもかわいそうな失恋を経験してしまうのです。

そんなことがあった翌日、寅さんは再び旅に出て行こうとする。

そこでふと空を見上げた寅さんが、こう答えるセリフが、今回の名ゼリフでした。

「どうして旅に出てっちゃうの?」とさくらが問いかけます。

「ほら見な、あんな雲になりてぇんだよ」

空に浮かぶ雲のように、風の吹くまま気の向くままの自由な生活に戻っていくんだよと、さくらに答えるのですが、内心はどうだったか。歌子にフラれて失恋も9回連続。さすがに気持ちが凹んでしまうでしょう。寅さんは決してモテないわけではない。マドンナと楽しいひときを過ごすところまでは順調です。ただ、恋心を燃え上がらせているのは寅さんだけで、マドンナは寅さんとは結ばれない。女性にフラれるということは、自分を否定されることでもあります。これはなかなかつらいものがあります。

目の前から恋をした女性が次々に去っていく。それならもう、あんな雲みたいにふわふわとどこかに消えてしまいたい心境だよ。もしかしたらそんな空虚な気持ちを初めてさくらに打ち明けたのかもしれません。**失恋を重ねてきた寅さんがどれだけ傷ついているか。**それがよく表れているセリフです。

どんなにつらい現実にぶち当たっても、いくらつらい目に合っていても、寅さんには自ら命を絶つ選択肢はありません。どんなにひどい失恋をしても、どれだけ心を傷つけられても、「あんな雲みたいになりたいなぁ」と思うことによって、自分を楽にさせている。この一言によって、自分の気持ちをポーンと解放させているのですね。**寅さんが〝人生の達人〟といわれる理由**はこのあたりにあるのでしょう。

寅さんは自分自身を空に浮かぶ雲と重ねあわせ、あんな雲になりたいと願い、また再び旅の空へ戻っていく。それでいいじゃないか。人生は続いていくのだから。

このセリフは寅さん自身の人生と、観客の心を肯定してくれるセリフでもあるのです。

令和の寅さんなら何て言う!?

人生いやになっちゃった。死んでしまいたい。本当にそう思い詰めている人がいるならば、ぜひ寅さんのセリフを噛みしめていただきたい。自分を必要以上に追い込んで考えてしまうことが、誰にでもあるでしょう。「そんなに思い詰めなくてもいいじゃないか。もっと肩の力を抜いて生きてごらんよ」。寅さんならそんな言葉をかけてくれるでしょう。心の中にいつも寅さんがいると思えば、どんなことがあっても軽快に乗り越えていけそうな気がします。

第10作

『男はつらいよ 寅次郎夢枕』

封切日：1972年（昭和47年）12月29日
マドンナ：八千草薫
ゲスト：田中絹代、米倉斉加年
主なロケ地：長野県奈良井、山梨県甲府、東京都・亀戸天神

志らくの前口上

寅さんの奮闘努力

STORY

寅さん、今回は奇妙な男との出会いがありましたね。帰郷した寅さんの部屋に下宿していたのが、東大助教授の岡倉（米倉斉加年）という男。自室を貸しに出されて面白くないうえに、住んでいるのは寅さんが忌み嫌っているインテリです。寅さんとは水と油。またまた寅さんはヘソを曲げて出て行こうとします。

そこで登場するのが、寅さんの幼なじみで美容室を開業した千代（八千草薫）でした。「お千代坊」なんて呼び名で親しげに会話しているそばで、インテリ青年が千代に恋をしてしまう。寅さんは青年をからかう。そのうちにこの青年の恋を応援してあげようとする。さらには寅さん、今回初めてマドンナに惚れられてしまうのですよね。早くくっつけばいいのに、そうならない。ああ、じれったい。それがまた寅さんらしい。寅さんの美学がたっぷり詰まった作品です。

いいかい、恋なんてそんな生やさしいもんじゃないぞ。飯を食うときもウンコをするときも、もうその人のことで頭がいっぱいよ。

この名ゼリフには、**寅さんの恋愛哲学**が詰まっています。恋とは何だろうか。その命題に対する寅さん流の回答が、このセリフに凝縮しています。

ほんのちょっとだけ相手を好きになるなんて、寅さんに言わせれば恋ではありません。惚れた相手のことで頭の中がいっぱいになって、他のことを考える余地などなくなってしまう。飯を食うときも、便所でしゃがんでいるときも、相手のことしか考えられない。つまり四六時中相手のことだけ考えている状態でなければ、恋とは呼べないのです。

これが**寅さんによる恋の定義**です。

さらに言えば、そんなふうになるまで惚れ抜いていないなら、愛だの恋だの語る資格はないとまで言います。それが**「恋なんてそんな生やさしいもんじゃないぞ」**の部分に表れています。

このセリフは、とらやの2階に下宿している東大助教授、寅さんが大嫌いなインテリ青年についての会話です。この青年は、八千草薫が演じる寅さんの幼なじみ、お千代坊に恋をしてしまう。寅さんと違って器用なところがないインテリ青年は、どうしようもないほど恋に悩んでしまいます。失恋の連続記録を持っている寅さんも見ていられないほど、哀れなほどお千代に惚れてしまうのですね。そこで寅さんはこの青年を応援してやろうと決めるわけです。

自分がお千代から身を引いても生きていけるけれど、インテリ青年はどうだろうか。こいつはきっとお千代にフラれたら死んでしまうだろう。それはあまりに気の毒だ。そこでインテリ青年に対する友情が芽生えるのです。**自分の恋愛よりも青年との友情**を取った。だから、寅さんはお千代から身を引くことに決めるわけです。

描かれている内容は、まるで純文学です。たとえば夏目漱石『こころ』。向田邦子『あ・うん』の世界。1人の女性を好きになった男が2人。相手の女性は自分のことを好いてくれている。そうするともう1人の男は振られることになる。そんなときどう振る舞うべきか。自分がその女性と一緒にはなれない。自分は身を引き、友に女性を託す。恋愛感情よりも大切なものがある。**これこそ男の美学**です。

寅さんは、マドンナにフラれると傷心の旅へ……。そのワンパターンだと思われがちですが、マドンナが他の男性と幸せになる場合には、自分がマドンナを振ることもあるのです。その結果、相手の女性が幸せになることがわかっているから、すーっと身を引いて消えていくのです。自分がいくら傷つこうと構わない。彼女が幸せになってくれる喜びのほうが勝る。それが寅さんの人生哲学なのです。

「男はつらいよ」シリーズは、純文学の領域だった男女の三角関係の機微を「ウンコ」を使って表現してしまった。このすごさをぜひ現代の皆さんも味わっていただきたいですね。

令和の寅さんなら何て言う!?

現代の若者は賢いので、人生の選択においても、効率を重視する。無駄な努力はしたくない。人間関係に失敗して傷つくのはいやだ。相手を傷つけるのもいや。だから恋愛なんて、できればしたくない。そういう生き方を私は否定しません。でも、飯食うときもウンコするときも、一つのことで頭がいっぱいになっちゃうぐらい何かに夢中になれるなんて、幸せなことではないでしょうか。たとえそれが失敗に終わってもいいじゃないですか。

第11作

『男はつらいよ 寅次郎忘れな草』

封切日：1973年（昭和48年）8月4日
マドンナ：浅丘ルリ子
ゲスト：織本順吉、毒蝮三太夫
主なロケ地：北海道網走

志らくの前口上

寅さんの奮闘努力

STORY

寅さん、ついに運命の女性、リリー（浅丘ルリ子）と出会いますね。〝リリー・シリーズ〟の幕開けです。本作の後、第15作『寅次郎相合い傘』、第25作『寅次郎ハイビスカスの花』、そして第48作『寅次郎紅の花』、さらには第50作『お帰り 寅さん』にもリリーが登場して、寅さんとの恋物語が展開します。

寅さんがリリーと出会うのは、最果ての地、網走。夜汽車で外を見つめ涙を流す女性を目撃します。岡晴夫の「三等車の女」という歌がありますが、それと同じような美しいシーンですね。この女性こそ、旅回りの歌手、リリー松岡。二人はすぐに意気投合、柴又で再会すると、笑い合ったり、喧嘩をしたりする。リリーがへべれけに酔って帰ってきて騒動を起こすなど、まるでリリーは女性版の寅さんなのです。似たもの同士の二人が繰り広げる恋物語の始まりをじっくりご覧ください。

うん、あぶくだよ。それも上等なあぶくじゃねえやな。風呂の中でこいた屁じゃないけども、背中のほうへ回ってパチンだい。

第11作では寅さんが、ついに運命の女性、リリーと出会います。寅さんはいろんな女性に恋をしますが、**寅さんファンがいちばん結婚させたかったマドンナ**といえば、やっぱりリリーさん。それが共通の思いではないでしょうか。

リリーとの出会いは、網走行きの夜汽車。寂しげな横顔を見せていたリリーの存在に寅さんが気付きます。ああ、この女も一人で旅をして、きっと寂しい夜を過ごしているんだろうな。寅さんは、まだ名前も知らないリリーの姿に自らを重ね合わせました。

翌朝、網走の街頭で寅さんが品物を広げて商売をしていると、後ろから「さっぱり売れないじゃないか」と声を掛けてくる女がいた。これがリリーこと、**旅回りのレコード歌手・リリー松岡**でした。波止場に腰を下ろして言葉を交わすと、すぐにお互いが似たもの同士の〝渡り鳥〟だとわかり意気投合するのです。

「私たちみたいな生活ってさ、普通の人とは違うのよね。それもいいほうに違うんじゃなくて、なんてのかな、あってもなくても、どうでもいいみたいな。つまりさ、あぶくみたいなもんだね」とリリーが言うと、寅さんが返すセリフが、今回の名ゼリフ。

「うん、あぶくだよ。それも上等なあぶくじゃねえやな。風呂の中でこいた屁じゃないけども、背中のほうへ回ってパチンだい」

寅さんは放浪の身の哀れさを「風呂の中でこいた屁」と表現しました。屁とかウンコとか、寅さんの言葉のチョイスはまるで子どもと同じです。子どもってオナラやウンコが大好きではありませんか。『クレヨンしんちゃん』と同じなのです。

ただ、寅さんがどんな言葉を言い放とうと、人を不快にさせる要素は一切感じません。それは、**寅さんは不思議なほど上品なキャラクター**だからです。

もしも下品なキャラクターが、「ウンコ」や「オナラ」なんて乱暴な口調で言おうものなら、観客はすぐさま不快になって、もう映画を見に来てくれないでしょう。寅さんはそうじゃない。

年がら年中旅がらす、気ままなフーテン暮らしの寅さんではあるけれど、**どこか品があって、サッパリして、清潔感がある**のです。

それはリリーも同じです。リリーの服や化粧は派手ですから、一見すると品がない女性のように見えるかもしれないけれど、決してそんなことはない。ちゃんと品がある。口を開けば寅さんと同じように威勢がよくて、**啖呵を切るリリーは、まるで女性版寅さん。**ウェットなところがなく、気持ちがサッパリしている。

寅さんとリリーは似たもの同士だからこそ、お互いに強く惹かれ合うのでしょう。普通の恋愛とは違う、運命的な出会いのセリフとして心に刻んでおきたい名ゼリフです。

令和の寅さんなら何て言う!?

恋愛が長く続く秘訣は、相手と価値観を共有できるかどうか。顔の好みや性格が合うからといって一緒になっても、顔なんか2年も3年も眺めていたら飽きてしまうでしょう。「上等なあぶくじゃねえやな」なんて言い方で、お互いが似たもの同士であることを理解し合える。それほど価値観がぴったり合う相手に出会ったということです。時代は変わっても、やっぱりこんな粋な言い方でお互いの価値観を認め合ったことでしょう。

第12作

『男はつらいよ 私の寅さん』

封切日：1973年（昭和48年）12月26日
マドンナ：岸惠子
ゲスト：前田武彦、津川雅彦
主なロケ地：熊本県阿蘇、大分県別府、熊本県天草

志らくの前口上

寅さんの奮闘努力

STORY

柴又に帰郷した寅さんは、小学校時代の同級生デベソこと柳文彦（前田武彦）と再会して、すっかり意気投合します（この二人の誰にもついていけないテンションのギャグは絶品！）。寅さんは文彦の妹で画家のりつ子（岸惠子）と出会うといきなり大喧嘩。ところが寅さんは、りつ子に魅了され、やがてパトロンを気取るようになっていくのです。さて、どうなりますやら……そんな物語です。

第11作では、リリーという女性と運命的な出会いと恋愛を経験しました。寅さんとは似たもの同士。だから惹かれ合った。ところが続く第12作では、寅さんとは水と油、趣味や嗜好、性格も暮らしぶりもまったく違う女性、りつ子がマドンナです。最悪の出会いから、猛烈に嫌っていたりつ子に、寅さんがコロッと参ってしまい、夢中になっていく。このあたりをじっくりご覧ください。

なにが嫌だからったってな、インテリの女と便所のナメクジぐらい嫌なものはねぇんだい！

いつも寅さんはマドンナに一目惚れするのがお決まりですが、今回は違います。同級生の妹・りつ子は画家で、朝食にフランスパンを食べているようなオシャレな女性。寅さんとは気が合うわけがない。出会っていきなり口論です。しかも、りつ子がとらやにやってくると聞いた寅さんは、おばちゃんたちに怒りをぶちまけます。

「俺はあの女が来たってな、この敷居から一歩だって入れやしねえぞ！」

「なにが嫌だからったってな、インテリの女と便所のナメクジぐらい嫌なものはねぇんだい！吐き気がすらあ！　ここはてめえみてえな女の来るところじゃねえんだい。とっとと出てけ！」

と言ってやるんだと息巻いています。そして寅さんのテンションが最高潮に達すると同時に、怒りの矛先のりつ子が満面の笑顔を浮かべながら登場します。

「あら、クマさん！」と言って、観客をドッと笑わせる。名前を間違えてクマさんと言ってしまったのですね。さっきまで怒り狂っていた寅さんは、コロッと参ってしまう。「あら、クマさん」だけで、りつ子に恋してしまったのです。

そもそも寅さんはインテリが大嫌い。便所のナメクジを同等に扱っていることからも、普通に考えたら寅さんがりつ子に恋をする展開なんてありえません。しかし、人が人を好きになったり、恋に落ちたりするのは理屈では説明できないことなのです。

このシーンは**人間の真理をコミカルに表現した名場面**であり、その伏線となるセリフが、**「インテリの女と便所のナメクジぐらい嫌なものはねぇんだい！」**なのです。

私がこのシーンで想起するのは、成瀬巳喜男監督『稲妻』（1952年）。娘（高峰秀子）が母親（浦辺粂子）と壮絶な口論をしていると、ガラガラと雷が落ちる。次の瞬間にはけろっと何もなかったように仲直りしてしまう。説明のつかない人間の不思議さ、家族の関係の機微が、稲妻によって描かれていました。

稲妻で仲直りする母娘と、名前を間違えられて好きになってしまう寅さん。文芸映画や文学で表現される内容を、まるでコントのようなシーンで描いて見せた。山田洋次監督のすごさを感じます。普通の脚本家であれば、「嫌っていた女性を急に好きになるわけがないですよ」と批判するでしょう。きっと山田洋次監督は、「わかってないなぁ。人間とはじつに不思議な生きもので、恋とは理屈では説明できないものなんだよ」とおっしゃるのではないでしょうか。「インテリの女と便所のナメクジ」発言以降、「男はつらいよ」シリーズが文学的表現も取り入れつつ、人間の真理を描くようになる。しかも、**国民的映画と呼ばれる喜劇映画**の枠組みでやってのけた。本当にすごい映画だと恐れ入りますね。

令和の寅さんなら何て言う!?

ＡＩ（人工知能）が映画脚本にも進出するのではないか、人間の脚本家が仕事を失うのではないか。そんなニュースが話題になりました。しかし、寅さんの恋愛のように、理屈では説明できない物語はＡＩには無理でしょう。いつの時代でも、頭で考えた結果、相手を好きか嫌いか判断するなんておかしいですよね。恋は理屈ではないのです。ナメクジぐらい嫌いな異性を突然好きになってしまうのが人間なのですから。

第13作

『男はつらいよ 寅次郎恋やつれ』

封切日：1974年（昭和49年）8月3日
マドンナ：吉永小百合
ゲスト：高田敏江、宮口精二
主なロケ地：島根県温泉津、島根県津和野、島根県益田

志らくの前口上

寅さんの奮闘努力

STORY

マドンナの歌子を演じるのは吉永小百合。第9作『柴又慕情』に続いて2度目の登場です。第9作では、旅先で寅さんと出会って親しくなり、寅さんのほうは恋心が盛り上がるのですが、結局のところ歌子は陶芸家と一緒になってしまった。

その2年後を描く第13作では、寅さんは旅先の津和野で歌子と再会します。幸せに暮らしていると思ったら、夫を病気で亡くし、歌子は不幸な境遇にあった。寅さんは最初、同情心で歌子に接するのですが、だんだんと恋心が再び盛り上がっていくのです。

歌子と再会する前に、もう一人のマドンナが登場します。温泉地で知り合った人妻・絹代（高田敏江）と所帯を持つのだと勝手に盛り上がって柴又に帰郷します。しかし、寅さんの勘違いというか、あえなくハートブレイクするのでした。マドンナが2人も登場する、シリーズの中でも珍しいパターンです。

いま、幸せかい？

寅さんにとって、恋の相手の幸せが何よりも大事なこと。自分がどれだけ不幸になろうと、**相手の幸せ＝自分の幸せ**なのです。

第9作では歌子との恋は、無残にも破れ、今回再会する。歌子の亭主は亡くなっていて、もう一度恋する気持ちが燃え上がります。しかし、愛する夫と死別した歌子の心にぽっかり空いた穴を寅さんは埋めることはできません。友だちとして慰めることはできる。でも、そこまでです。人の不幸につけ込むようなやり方を寅さん自身が許すはずがありません。

ところが頭ではわかっていても、気持ちが追いついていかない。どんどん恋慕の気持ちが高まってしまう。寅さんとしてはこの**恋が成就する確率はほぼゼロ％**だとわかっていたはずです。他の女性とだったら、ゼロなんてことはなかった。だけれど、今回は最初から100％無理なのです。

そんな状況で、惚れた相手歌子に**「いま、幸せかい？」**と聞く寅さん。何のひねりもなく、歌子に問うのです。寅さんはこういうときに限って気の利いた表現ができないので、ストレートに「幸せかい」としか言えませんでした。でも、相手のことを思う透きとおった気持ちがよく表れている名ゼリフです。

バスのドアがバタンと閉まり、寅さんは去っていく。歌子はいつまでもバスに向かって手を振っています。だんだん小さくなっていく歌子がなんとも寂しく哀れに感じられる、でも、寅さんが暗く閉じかけていた歌子の心にさりげなく火を灯した。そんな名場面になりました。

そしてもう一つの名ゼリフは、娘・歌子の結婚を認めず、頑なな態度で接していた歌子の父親（宮口精二）のセリフです。とらやで歌子と対面して、娘への思いがあふれます。

「謝るのは、たぶん私のほうだろう。私は、口が下手だからなんというか、誤解されることが多くてな。しかし私は君が自分の道を、自分の信ずる道を選んで、その道をまっすぐに進んで行ったことをうれしく、私は、本当にうれしく……」

寡黙な父親が言葉を絞り出すように歌子に語りかける。肩をふるわせて泣く。歌子も素直な気持ちを父親に打ち明ける。父娘の心が通じ合った姿に感銘を受ける寅さん。おいちゃんは顔をくしゃくしゃにして泣き、さくらも涙を流す。なんとも美しい名場面です。

この宮口精二の長いセリフは、寅さんの短いセリフ「いま、幸せかい」と対になっています。寅さんも父親も歌子の幸せを心から願っている。言葉の選び方やアプローチはまったく違うのだけれど、願いは一つ。寅さんの思いをすべて解説してくれたのが、父親のセリフなのです。

口下手なお父さんが情感を込めて説明して、普段は口が達者な寅さんが、ほんの一言で思いを表現している。この対比が、第13作の非常に面白いところ。じつに見事ですね。

令和の寅さんなら何て言う!?

令和の時代だったら、どうなるでしょう。「いま、幸せかい?」なんて質問を女性にしようものなら、「いつ結婚するんだ?」という質問だと思われて、セクハラ扱いされてしまう可能性がありそうです。男性上司が女性部下に「いま、幸せかい?」と聞いたらアウトでしょうね。「君は幸せなのか」と聞くこと自体が、相手を不快にさせ、パワハラになるのかもしれない。とかく現代は、寅さんにとって生きにくい世の中になったものです。

第14作

『男はつらいよ 寅次郎子守唄』

封切日：1974年（昭和49年）12月28日
マドンナ：十朱幸代
ゲスト：月亭八方、春川ますみ、上條恒彦
主なロケ地：佐賀県唐津、佐賀県呼子、群馬県磯部温泉

まくらの口上

寅さんの奮闘努力

STORY

今回の寅さんは、いきなり大変な目にあいます。佐賀県の呼子で、女房に逃げられた男（月亭八方）から赤ん坊を押し付けられてしまう。赤ん坊をおぶって、飲まず食わずのまま柴又にたどり着くのです。赤ちゃんが高熱を出したから、とらやは大騒ぎに。赤ちゃんは快復しますが、とらや一家には新たな不安の種が。寅さんが美人看護師の木谷京子（十朱幸代）と顔を合わせてしまったら、また恋愛騒動が始まるのではないか。その不安は見事に的中してしまうのでした。

名作の誉れ高い第13作と第15作にはさまれた本作は、少々地味な印象かもしれませんが、寅さんの気持ちがよく表れているお気に入りの作品です。また、本作からおいちゃん＝竜造を演じるのは3代目の下條正巳となります。江戸っ子気質がありますが、ちょっと神経質なところもある。これからずっと優しいおいちゃんを演じてくれています。

社長もつらいよ

社長の金の苦労に比べりゃ……俺の色恋沙汰の苦労なんてな、屁みてえなもんだよ。ヘッ！

ここでいう「社長」とは、とらやの裏にある印刷工場、**朝日印刷のタコ社長**（太宰久雄）のこと。寅さんは、いつも社長のことを小馬鹿にしては取っ組み合いの大喧嘩をしているのだけれど、自分が不得手な「労働」や会社経営の大変さはよくわかっています。

タコ社長は四六時中、会社の運転資金の心配ばかりしています。銀行から融資を受けたり、返済に追われたり、脱税を税務署に指摘されたこともあった。とにかくタコ社長は大変なのだ。

そのことを寅さんはよく理解しているのです。

そんなタコ社長の苦労に比べれば、寅さん自身は自由気ままな遊び人。**恋の道も本当に大変**

なのだけれど、タコ社長の苦労に比べれば屁みたいなものと言い切れる。たとえそれがイバラの道であろうとも、自分で選んだ好きな道を生きるのだから、苦労であるわけがない。だから労働者の代表である社長と、自分の苦労をいっしょくたにしてはいけない。社長に対して失礼じゃないかと言っているわけです。

これは、いまの芸能界の人たちに聞かせたいセリフではありますね。ありがたいことにテレビ番組、イベントなどに声を掛けていただく。落語なら高座に上がる機会をいただく。それをみんな**「お仕事」**という言い方をしますよね。私の弟子なども、「明日はどこそこでお仕事をいただいています」なんてね。

でも本来、仕事というものは寅さんが言うとおり、**額に汗して油まみれになって働くこと＝労働・仕事**であって、落語を語ったりステージで歌ったり、漫才や芝居をするのは、仕事というほどのものではありません。誰かに頼まれてやっている稼業ではない。自分が労働を拒否して好きな道で生きているわけだから。

もちろん好きな道を進むがゆえに世間から理解されないとか、人に言えない苦労をすることもあるでしょう。しかし、好きなことをしている中でぶつかった苦労なんて苦労のうちに入らない。**それが寅さんの了簡**なのです。

寅さんのセリフは、いまの世の中では通用しないのかもしれません。額に汗しない仕事だって、立派な仕事ですから。プログラミングだとかＩＴに関わる業界にしても何にしても、パソコンの前に座ってキーボードやマウスを操作することが現代の労働、仕事の姿になっています。額に汗することだけが労働とは言えなくなった。

寅さんのような人にしてみれば、エアコンの効いた快適な部屋、パソコンをちょいちょいといじるとお金が入ってくるような働き方は驚きではないでしょうか。スマホもタブレットもない時代の人ですからね。寅さんのこの感覚は、世間の常識に照らせばもはや正論ではないのですけれど、働くことについて考えるとき大切にしたい感覚ではないかなと思います。

令和の寅さんなら何て言う!?

色恋の苦労というものも、いまの時代は通用しないかもしれません。いまの子たちに「なぜ恋愛をしないの?」と聞くと、「だって傷つきたくないから」という。自分が傷つくかもしれないなら恋愛なんかしたくない。そういう考え方のようです。苦労するぐらいなら人を好きにならない。それがいまの価値観のすべてだとは思わないけれども、屁みたいな色恋沙汰に夢中になれる寅さんがどんなに魅力的か。ぜひ気付いていていただきたいのです。

第15作

『男はつらいよ 寅次郎相合い傘』

封切日：1975年（昭和50年）8月2日
マドンナ：浅丘ルリ子
ゲスト：船越英二
主なロケ地：北海道札幌、北海道函館、北海道小樽

志らくの前口上

寅さんの奮闘努力

STORY

本作『寅次郎相合い傘』をシリーズ最高傑作に推すファンも多い名作中の名作です。物語のほうは、蒸発エリートサラリーマンの中年男（船越英二）と旅を続けていた寅さんが函館の屋台で、リリー（浅丘ルリ子）と偶然再会します。そこから男女3人の愉快な北海道珍道中が展開しますが、寅さんとリリーは些細な口論をきっかけに喧嘩別れ。再び柴又で再会した二人は、まるで夫婦同然の仲睦まじさで……。

柴又での相合い傘のシーンは、寅さんの格好よさがにじみ出る名場面です。フランス映画『シェルブールの雨傘』よりも美しいかもしれません。

寅さんとリリーを見ていると、戸籍上の結婚なんてどうでもいいのではないか。男と女なんて気持ちが結びついていれば紙切れなんかいらない。それが本当の幸せではないのかと感じます。

あいつも俺とおんなじ渡り鳥よ。（中略）いずれまた、パッと羽ばたいて、あの青い空へ。な、さくら、そういうことだろう。

第15作ぐらいになると、寅さんでなければ決まらない名ゼリフの数々が出てきます。本作で取り上げたい名ゼリフもその一つです。

「あいつも俺とおんなじ渡り鳥よ。腹空かせてさ、羽根けがしてさ、しばらくこの家に休んだまでのことだ。いずれまた、パッと羽ばたいて、あの青い空へ。な、さくら、そういうことだろう」

これは映画のラスト、リリーとの恋が終わってしまい、傷心の寅さんがとらやの2階で旅支度をしながら、妹さくらに気持ちを打ち明けるシーンです。リリーとの関係がどうなったのか、寅さんはさくらに説明したかったのでしょう。ところがこれを聞いたさくらは、「そうかしら」と言葉を絞り出し、涙を流す。この「そうかしら」は、明らかに否定なのです。さくらは納得していません。

寅さんは、このセリフを言う相手を間違えている。それが私の考えです。

腹を空かせ、羽根をけがした渡り鳥なんだから、傷が癒えたらまた飛び立つまでよ。それはまるでリリーに言っているようなセリフです。もしリリーだったら、

「そうだね。わたしたちは傷ついた渡り鳥みたいなもんだよ」と答えてくれたことでしょう。**お互い似た境遇の放浪者**だから、リリーには寅さんのセリフがスッと入っていくのです。ところがさくらは違います。博と結婚して、満男も生まれて、さくらはお兄ちゃんに一日も早く幸せになってもらいたいと願っている女性です。

「俺は渡り鳥ではあるんだけれど、いつか必ずいい女房を探してきて、この柴又に連れ帰り、ずっと暮らしていくんだ。そのために、お兄ちゃんは日本全国旅をして、いろんな人と出会って、恋をして、振られて、それでもまた恋をして振られて。いつか必ず戻ってきて、みんなを安心させてやるからな、さくら」

そう言ってあげれば、さくらは納得したでしょうに、まるでリリーに言うようなセリフをさ

くらに言ってしまった。だから、さくらは余計に不安になり、「そうかしら」と否定し、ポロリと涙を流してしまったわけです。

一緒に旅をした蒸発サラリーマンの兵頭やリリーには、**「俺たちは渡り鳥だ」**という例え話がわかる。そんな二人とずっと行動を共にしてきて、柴又に帰ってきた寅さんだから、同じ調子でさくらに言ってしまう。**粋なセリフというのは、相手を選んで言わないといけない。**まったく逆効果になってしまうのですね。

さくらにとっては残酷なセリフなのですが、そのことは逆に、**寅さんとリリーにしかわかり合えない〝何か〟**があることを明確に示してもいるのです。

令和の寅さんなら何て言う!?

仕事も家庭もいやになって一人旅に出てしまった船越英二演じるエリートサラリーマン・兵頭は、自由に憧れ、ついに自由をつかんだ男として登場します。連絡船のデッキでカモメを見つけて、「いいですねぇ、鳥は。自由で」と言ったりします。兵頭のような人はいま、多いのでは？　昭和から令和へ、時代が変わっても自由の価値は変わっていません。現代は誰もがみんな兵頭パパ。寅さんのこの渡り鳥のセリフは、誰にでも響くでしょう。

第16作

『男はつらいよ 葛飾立志篇』

封切日：1975年（昭和50年）12月27日
マドンナ：樫山文枝
ゲスト：桜田淳子、米倉斉加年、大滝秀治、小林桂樹
主なロケ地：山形県寒河江

志らくの前口上

寅さんの奮闘努力

STORY

今回のマドンナは、考古学を研究する大学助手の礼子（樫山文枝）です。研究者、つまりインテリの女性です。第12作『私の寅さん』で、岸惠子演ずる画家のりつ子のことで大喧嘩して、「インテリの女と便所のナメクジ」は大嫌いだと言い放ちましたよね。そんなインテリ女性に惚れるのは今回２度目です。

物語は、寅さんが柴又に帰郷すると、とらやの２階に大学助手の礼子が下宿していました。すぐに寅さんは礼子に恋をしてしまう。惚れた勢いで突如勉学に燃える寅さんがおかしいですね。銀縁のメガネをかけたりして。礼子の恩師・田所教授（小林桂樹）と意気投合するのですが、田所は礼子に師弟の関係を越えた熱い思いを抱いていた。さあ、どうなりますやら。寅さんが愛とは何か、見事に定義してみせる名場面、名ゼリフがあります。じっくり紹介しましょう。

もうこの人のためだったら命なんかいらない、もう俺、死んじゃってもいい。そう思う。それが愛ってもんじゃないかい。

失恋を繰り返してきた寅さんが**恋愛の達人、哲学者のようになっていく。**「男はつらいよ」を第1作からずっと観ていく楽しさの一つです。第16作『葛飾立志篇』では、人生の達人・寅さんらしいセリフが飛び出します。

場面はとらやの居間。小林桂樹演じる考古学者の田所教授は、教え子の礼子に惚れている。しかし、惚れているなんてことは絶対に言えない。頭でっかちに考えて、素直に気持ちを伝えることができずにいます。寅さんには、

「男と女の愛情の問題はじつに難しくてまだ研究し尽くしておらんのですよ」と言い訳。これ

を聞いた寅さんは、もっと簡単なことだろうと答える。すると田所教授はムッとして、
「じゃあ君、説明してみろ！」と言う。寅さんの答えが、今回の名ゼリフです。
「ああ、いい女だな、と思う。その次には話がしたいなあ、と思う。その次にはもうちょっと長くそばにいたいなあ、と思う。そのうち、こう、なんか気分がやわらかーくなってさ、あーもうこの人を幸せにしたいなあ、って思う。もうこの人のためだったら命なんかいらない、もう俺、死んじゃってもいい。そう思う。それが愛ってもんじゃないかい」

　ファンの間では**〝寅さんのアリア〟**と呼ばれる独白。恋愛哲学を言葉にして集約してみせました。これを聞いた田所教授は大いに感心して、
「なるほどねえ。君は僕の師だよ！」と言って、感極まって涙まで見せるのでした。学歴のない寅さんが、インテリ教授の先生になる。立場の逆転が起こった痛快なシーンです。寅さんはダテに過去15回も振られてきたわけではなかった。

　このセリフを分解すると、まずいい女だと思うというところから入るのが、じつに寅さんらしい。性格ではなく、まずは見た目が大事。そこをクリアしないと、恋には発展しない。そして、いい女だと思ったならば、話をしてみたいと思う。そしてその人のそばにいるだけで、気分が柔らかくなる。人を好きになって話してみたいと思うのは理解しやすいのですが、**「気分**

が柔らかくなる」というのは、寅さん独特の感性です。普通は格好をつけたり気取ったりして、緊張してしまいそうではありませんか。

気分が柔らかくなって、その次には「幸せにしてあげたいな」と思う。つまり、**寅さん自身の欲望は「話してみたい」だけ**なのです。自分の欲望はいったん抑えて、この人を幸せにしてあげたいと思えるのが寅さんのすごいところ。毎度出てくる寅さんの犠牲愛です。

自分なんかどうなっても構わない。この人の幸せのためなら俺はどうなってもいい。「それが愛なんだよ」と寅さんは言っているわけです。

これまで歴史上の偉い文学者、哲学者が、さまざまな愛の定義を言葉にして表現してきました。寅さんは、自分の思っていることをそのまま言葉に出したら、見事なまでの愛の定義ができあがった。それがガチガチのインテリ考古学者にとっては、目から鱗だったのです。

寅さんのような恋愛感覚を持った人が、世の中にたくさんいたならば、現代のようにギスギスした世の中にはならないでしょう。**寅さんは犠牲愛の人**です。「この人を幸せにしてあげたい」という思いが根底にある。

ところがギスギスした世の中では、相手の幸せと自分の幸せを天秤にかけて、自分のほうを優先させてしまうのではないでしょうか。極端な例が、ストーカーです。自分さえよければいい。

相手の迷惑も気持ちも考えない。自分が愛されないのなら、相手を傷つけても構わない。自分は傷つきたくないけれど、自分の欲望は叶えたい。相手にとって何が幸せか。少しでも想像力があるならば、ストーカーなんてやってられないはずなのですがね。

本作は面白いセリフが他にもたくさん登場します。

とらやの茶の間で、考古学とはどんな学問なのか寅さんに説明する場面があります。でも、寅さんはコウコガクなんて聞いたことがない。そこでさくらが、「古い時代の学問よ」と説明すると、**「古いっていうとあれか、かちかち山とか桃太郎の」**と返す。古い学問＝かちかち山とか桃太郎という切り返しの見事さにうなりますね。知ったかぶりなどしないで、知らないものは知らない。知らないことは恥ずかしいことではない。自分の知識の範囲内で世界を認識していく寅さんのものすごさです。

さらに、とらやへの道中、田所教授の助手として働く礼子に、寅さんが質問をぶつけます。

寅さん「姉ちゃんは、何のために勉強をしているんだい？」
礼子「さあ……」
寅さん「考えてみたことはねえかい？」
礼子「そうですね、つまり……」

寅さん「己を知るためよ」

学問や勉強の目的は、「己を知るため」であるという定義がまたすごい。恋愛の定義に続いて、学問の定義までサラッとやってのける寅さん。

寅さんは、旅をしたりいろんな女性に恋をする経験を重ねることで、己がどういう人間であるかを学んでいます。第8作『寅次郎恋歌』に登場する博の父親・飈一郎（志村喬）から聞いた、「リンドウの花」のエピソードもそうですが、寅さんは常に新しいものに出会うと、素直な心で自分を顧みるわけです。そうやって**自分を知る旅を続けてきた**。だから、何のために勉強をするのかという命題に対して、「己を知るため」と即答ができるのです。

令和の寅さんなら何て言う!?

しばしば芸能人の不倫騒動がすっぱ抜かれて、世間を騒がせています。既婚者同士の不倫は〝ダブル不倫〟というらしい。お互いに家族がある身なのに、自分の欲望を優先させた結果、不倫なんてことになる。その結果、家族や子どもが悲しい思いをする。仕事や人間関係を失うこともある。ちょっと考えればいいことなんかありゃしない。己の身の程を知る寅さんだったら、「不倫なんておよしなさい。親や子どもが泣くぜ」と叱ってくれるかもしれません。

第17作

『男はつらいよ 寅次郎夕焼け小焼け』

封切日：1976年（昭和51年）7月24日
マドンナ：太地喜和子
ゲスト：宇野重吉、岡田嘉子
主なロケ地：兵庫県龍野

志らくの前口上

寅さんの奮闘努力

STORY

第17作『寅次郎夕焼け小焼け』は、キネマ旬報ベストテン（1976年）の第2位に輝いた名作です。寅さんは、上野の飲み屋で無銭飲食をとがめられていたみすぼらしい老人（宇野重吉）に出会い、気の毒に思ってとらやに連れ帰ります。ところがこの老人の正体は、日本画の大家・池ノ内青観でした。

播州龍野で青観と再会した寅さんは、きっぷのいい芸者ぼたん（太地喜和子）と意気投合。その後、ぼたんが柴又にやってきて寅さんとの再会を喜びますが、上京した本当の目的があって……。

絵描きの巨匠役の宇野重吉、青観のかつての恋人役に岡田嘉子、寅さんと息もぴったりの芸者ぼたんは太地喜和子、古書店の店主役で大滝秀治、ぼたんをだます悪役に佐野浅夫など、俳優陣の演技合戦も見どころ。シリーズ屈指のすがすがしいラストが感動を呼ぶ作品です。

俺はいつも、こう思って帰ってくるんだ。今度帰ったら、今度帰ったら、きっとみんなと一緒に仲良く暮らそうって、あんちゃんいつもそう思って……。

本作の名ゼリフに入る前に、少し前の作品を振り返りましょう。第15作『寅次郎相合い傘』で寅さんは、さくらに対して格好のいいことを言って泣かせてしまいました。「あいつも俺とおんなじ渡り鳥よ」というセリフです。寅さんと似たもの同士のリリーに言えばスッとわかってもらえるけれど、さくらはリリーとは真反対の女性。結婚して子どももいて、とらやに通って働いて、夫・博を支えている。そんなさくらには、〝渡り鳥〟の気持ちは理解できないのです……と説明しました。

今回の第17作『寅次郎夕焼け小焼け』の名ゼリフは、「あいつも俺とおんなじ渡り鳥よ」と呼応しています。合わせ鏡の名ゼリフです。

「この家で揉め事があるときは、いつでも悪いのはこの俺だよ。でもな、さくら、俺はいつも、こう思って帰ってくるんだ。今度帰ったら、今度帰ったら、きっとみんなと一緒に仲良く暮らそうって、あんちゃんいつもそう思って……」

今回は、〝渡り鳥発言〟の反省なのです。妹を思う寅さんの気持ちは同じだけれど、まったく違うセリフで伝えている。そのことに私は心を打たれます。**寅さんの本音を知ることができるセリフ**なのです。

本当は故郷に帰りたい。だって、「男はつらいよ」の主題歌からそうですからね。**「いつかお前が喜ぶような偉い兄貴になりたくて」**と歌っている。えらい兄貴になりたい。でも、なかなかなれない。だから「男はつらいよ」なんだ……と、つながってくるのです。

寅さんが長い旅からフラリと帰ってくると、その日のうちにとらやの茶の間で大喧嘩が始まるパターンがあります。寅さんがものすごい剣幕で怒り、とらやをプイと飛び出してしまいます。そのまま旅に出てしまうこともあるけれど、マドンナがやってきてコロリと喧嘩を忘れ、その日のうちにみんな仲直り。一緒に食卓を囲んで団らんしている。**感情をぶつけ合うけれど、すぐに仲直りして日常に戻れる関係性**ができあがっている。

日本人は昔から、理屈ではなく感情で生きています。古典落語に出てくる夫婦なんか、のべつ喧嘩しています。論理的思考より感情が先に立つのは、欧米人とは違うところです。

江戸の昔から感情を大事にする、**理屈よりも義理人情を大事にする国民性**があったとも言えます。「男はつらいよ」が描いているのは、笑ったり、泣いたり、怒ったりしながら暮らしてきた日本人らしい世界なのです。

日本人は感情の生き物だといっても、いつでも感情を露わにして好き勝手なことをしていいわけではありません。ちゃんと社会的なルールも存在します。たとえば寅さんお得意のフレーズ、**「それを言っちゃおしめえよ」**。とらやでタコ社長と大喧嘩になる。おいちゃんが呆れかえり、最後通牒として「おい寅！　出て行ってくれ！」と怒鳴りつける。これを言われると寅さんは取りつく島がなくなってしまう。「それを言っちゃおしめえよ」と言ってとらやを飛び出してしまいますが、心の中では間違いなく泣いている。

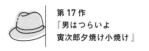

どんな喧嘩をしても、決して越えてはならない一線がある。いくら頭にきても、それだけは言ってはいけない。その範疇で喧嘩をするのが決まり、ルール。その暗黙の了解を逸脱すると、「それを言っちゃおしめえよ」となるのです。

『寅次郎夕焼け小焼け』は、「男はつらいよ」シリーズの中でも1、2を争う人気作ですが、じつは極めて異色な作品でもあります。寅さんは、芸者ぼたんに恋をしていたのでしょうか。

出会いは播州龍野の旅館の宴会場で、客と芸者の関係でした。龍野での滞在期間中、ぼたんと過ごすときも、気のいいお客さんと芸者の関係が続きます。ぼたんが悪い男（佐野浅夫）にお金をだまし取られ、直談判のため上京し、とらやを訪ねてきますが、寅さんと腕を組んだりして仲睦まじいところを見せます。でも、やっぱり客と芸者なのです。

困っているぼたんを助けたい。寅さんは行動に出ます。池ノ内青観に頼み込んで、絵を描いてもらおうとする。それをお金に換えてぼたんに渡してやりたいと考えた。寅さんは、「ちょいちょいと描いてくれよ」と言うのですが、日本画の大家・青観にも芸術家としてのプライドがあります。やんわりと断ることになるのですが、寅さんは怒って出て行ってしまいます。**寅さんの感情には、青観の理屈が通用しない**のです。

映画のラスト、寅さんが龍野のぼたんを訪ねます。「寅さんやないの、なんで？」と驚くぼたんに寅さんは、

「お前さんと所帯を持とうと思ってやってきたんだよ」と笑いかける。ただ、やっぱり恋心からそう言ったのではなく、客と芸者の関係なのですね。粋な遊び心から出たセリフです。

すごいのはそのあと。ぼたんの家に上がると、一枚の絵が飾ってある。青観がぼたんに絵を

贈っていたのです。いったんは寅さんの依頼を断ったのに、寅さんの感情に突き動かされ、青観の感情も大きく動いて行動した。自分は芸術家だから……などという理屈ではないところで行動する。その尊さを寅さんから学んだとも言えるわけです。

江戸、明治、大正、昭和、平成、令和へと時代は変わりました。それでも私たちにはやっぱり日本人にしかわからない感性が受け継がれているのだと思いますね。

だからこの「男はつらいよ」シリーズは、時代が変わっても日本人の心をグッとつかんで離さない。**理屈じゃないよ、気持ちだよ。それが日本人だという価値観**に訴えてくる作品だから、この先も日本の国があって日本人が存在する限り、永遠に観られ、語り継がれていく作品になるのではないでしょうか。

令和の寅さんなら何て言う!?

今回の名ゼリフのように、家族が感情を出して素直な気持ちを打ち明けてくれる関係。クールでドライな現代の家族には、どんなふうに見られるでしょう。まだ日本人が日本人であるならば、きっとうらやましいと感じるのではないでしょうか。こんなふうに話してくれる兄貴がいるということは、こちらの話も親身になって聞いてもらえそうですからね。困ったときにはすぐに駆けつけてくれて、全力で助けてくれる。そういう安心感です。

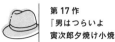

第18作

『男はつらいよ 寅次郎純情詩集』

封切日：1976年（昭和51年）12月25日
マドンナ：京マチ子
ゲスト：檀ふみ、浦辺粂子
主なロケ地：長野県上田、長野県別所温泉、新潟県六日町

まくらの前口上

寅さんの奮闘努力

STORY

満男の産休代替教員・雅子（檀ふみ）が家庭訪問でとらやへ。寅さんは雅子に一目惚れして舞い上がり、家庭訪問をしっちゃかめっちゃかにしてしまいます。旅に出た寅さんは、信州・別所温泉で無銭飲食騒動を起こしたあと、再び柴又に帰ってきます。今度は雅子の母で、もとは柴又の令嬢だった綾（京マチ子）に恋してしまうのです。しかし、綾は不治の病のため余命幾ばくもなく……。

本作『寅次郎純情詩集』は、全シリーズのなかでもっとも悲しい物語。マドンナが亡くなってしまうのは本作のみですから、見ていてつらかったですよ。マドンナの綾は、寅さんとは幼なじみ。幼なじみに恋をしてしまうパターンは、第1作の冬子（光本幸子）、第2作の夏子（佐藤オリエ）、第10作の千代（八千草薫）に続いて4回目。寅さんがマドンナに生きる希望を灯す、美しい物語です。

死とは？

人間がいつまでも生きていると、丘の上がね、人間ばっかりになっちゃう。（中略）あー！　なんて海の中へバチャンと落っこって、アップアップして、助けてくれ、助けてくれー、なんてね、死んじゃうんです。

「男はつらいよ」シリーズが第18作にして、初めて本格的な悲劇を描いたエポックメイキングな作品です。マドンナの綾は、かつて柴又で隆盛を誇った柳生家の令嬢です。病気がちで入退院を繰り返していて、いまは自宅療養中という役どころ。寅さんは綾に元気になってもらおうと、屋敷へ足繁く通い世話をします。

しかし、自分はもう長く生きられない。死期を悟った綾は、**「人間はなぜ死ぬんでしょうね」**と寅さんに問いかけます。さすがの寅さんも、一瞬言葉に詰まる。そして、こう答えるのです。

「あの、こう人間がいつまでも生きていると、丘の上がね、人間ばっかりになっちゃう。で、うじゃうじゃ、うじゃうじゃ。面積が決まっているから。で、みんなでもって、こうやって満員になって押しくらまんじゅうしているうちに。ほら、足の置く場所もなくなっちゃって、隅っこにいるやつが、お前どけよなんて言われると、あー！　なんて海の中へバチャンと落っこって、アップップして、助けてくれ、助けてくれー、なんてね、死んじゃうんです。まあ結局、そういうことになってるんじゃないんですかね、昔から」

普通の男だったら、なぜ死ぬのでしょうかと聞かれたら、「いや、そんなことを考えてはいけない」「冗談を言っちゃいけない、あなたは死にません」「まだまだ大丈夫ですよ、きっと治りますよ」などと答えるでしょう。

でも、寅さんは全然違った。ギャグを織り交ぜて、**まるでチャップリンのような動き**で答えて見せた。マドンナの綾にしてみれば、本当に意外な答えだっただろうけれど、これほど気持ちが救われる答えはなかったでしょう。

チャールズ・チャップリンの名作映画『ライムライト』（1952年）にも、死と生をめぐる名ゼリフが散りばめられています。

「死と同じように避けられないことがある。それは生きることだ」

「問題は生きることだ。あとは考えなくていい」

「年をとれば命が惜しくなる。生きていることが習慣になるからだ」

死が怖い理由は、生きていることが習慣になるから。つまり、歯を磨いたり、顔を洗ったり、ご飯を食べたりするのと一緒であると。その習慣が終わってしまうのがいやだから、死を恐れるのだ。「なるほどそうかもしれないな」という説得力があるセリフです。

私は今回、寅さんが綾に言ったセリフは、チャップリンに引けを取らない名言だと思っています。結局のところ、偉い学者先生が生と死を分析するよりも、人々を笑わせてきた**喜劇人のほうが物事の真理を突ける**のではないでしょうか。

令和の寅さんなら何て言う!?

「笑いは目的ではなく、笑いは手段なのだ」。私の師匠・立川談志の言葉です。落語とは客を笑わせるものではない。その先にあるものが大事なのだと言った。笑わせるのは単に手段であって、描きたいもの伝えたいことがあるから落語を演じているのだという。そうした芸には、自分の人生観まで投影されるから、自然と哀愁もにじみ出てくる。寅さんの名ゼリフに笑いながらもしみじみしてしまうのは、笑いにまぶされた人生の真理があるからでしょうね。

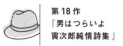

第19作

『男はつらいよ 寅次郎と殿様』

封切日：1977年（昭和52年）8月6日
マドンナ：真野響子
ゲスト：嵐寛壽郎、三木のり平、平田昭彦
主なロケ地：愛媛県大洲

志らくの前口上

寅さんの奮闘努力

STORY

本作には、戦前・戦後の銀幕で大活躍した映画スター、「アラカン」の呼び名で親しまれた嵐寛壽郎が出演しています。オールドファンには懐かしい映画『鞍馬天狗』ですよ。この時代劇俳優の大スターと、日本を代表する喜劇俳優・三木のり平、さらには寅さんこと渥美清が三つ巴になって繰り広げられるやり取りの面白いのなんの。たまりませんね。

物語のほうは、寅さんが愛媛・大洲の城跡で、時代がかった口調の老人と知り合うのですが、この老人こそ、伊予の殿様・藤堂久宗（嵐寛壽郎）。殿様に気に入られ、屋敷に招かれ饗応を受けます。寅さんは、殿様の「次男の未亡人にひと目会いたい」という願いを聞き入れ、人捜しが始まって……。

マドンナ・鞠子を演じるのは真野響子。寅さんとの恋は盛り上がりませんが、しっとりとした美しさが印象に残ります。

親父に何か言われてヘイヘイ引っ込むようじゃやさ、男じゃないもんね。第一、民主主義だから、いまは。

まず笑ってしまうのが、寅さんの口から、「民主主義」という言葉が飛び出すおかしさです。殿様の屋敷でくつろいでいると、寅さんに心を許した殿様が、いきなり「鞠子という女を知らんかね」と問いかけます。鞠子というのは殿様の次男坊の嫁なのだけれど、息子は前年に若くして亡くなったのだとか。殿様は結婚に大反対で、息子を勘当してしまった。ところが息子は殿様のいうことなど聞かず、一緒になってしまった。

寅さん「偉かったねえ、あんたの息子は。俺は感心しちゃうよ。親父に何か言われてヘイヘイ引っ込むようじゃやさ、男じゃないもんね。第一、民主主義だから、いまは」

殿様「あれは嫌いじゃ」

寅さん「あんたが嫌いだってしょうがないよ。息子が好きだったかもしれないんだから。で、あれかい。いまになってその息子の嫁の鞠子って女に会ってみたいと、そういうことなのか」

殿様は封建主義の時代を生きているようなものですから、民主主義が大嫌いなのですね。でも、息子の結婚に反対したことは大変悔いていて、せめていまは未亡人となってしまった嫁とひと目でいいから会いたい、息子の思い出話を語り合いたいのだと打ち明けます。

親に何か言われたからといって引き下がるようなことではいけない。これは寅さんの基本的な考え方です。そもそも16歳のとき親父と大喧嘩をして頭をブン殴られ、家を飛び出して以来、放浪の旅に出ていた寅さんですから。でもそのあとに続く、**「民主主義だから、いまは」**というのが、取って付けたような、なんとも妙な感じで笑いを誘います。

殿様が若かったころは、日本は戦争中。世の中は軍国主義一色の時代です。個人の自由意思など尊重されるはずもなく、結婚に関しても当然、親の決めた相手と一緒になるのが当たり前の時代です。でも戦争が終わり、新しい憲法ができて、日本は民主主義の国になりました。殿様の息子だろうと誰だろうと、恋愛や結婚の相手は自分で決める自由があります。殿様の考え方は、ただの時代遅れと言われても仕方がありませんね。

このように少々重い話にはなるのですが、寅さんは「第一、民主主義だから、いまは」というセリフで、殿様の価値観をひっくり返してしまった。殿様は腹も立てずに寅さんのペースに巻き込まれていくのです。このあたりが**人の心をシンプルな言葉でグイとつかんでしまう寅さん**のすごいところです。

寅さんという人は、民主主義の時代でなければ生きていけません。軍国主義の時代であれば兵隊にとられてしまうでしょう。**平和な時代だからこそ、寅さんが生きていくすき間のような空間がある。**それこそ平和な時代の豊かさなのではないでしょうか。寅さんの何気ないセリフから、作品に通底する大きなテーマを感じました。

令和の寅さんなら何て言う!?

「民主主義」は他のシーンにも出てきます。博が寅さんに、「江戸時代じゃないんですよいまは。民主主義の時代です」と言ったり、寅さんが所帯を持つ場面を夢想して、「しかし俺はその女と一緒になっちゃう。民主主義だから」と言ってみたり。この映画が制作された１９７７年は、終戦から32年。令和のいまより戦争が近かった。ギャグとしての「民主主義」の代わりに、寅さんがどんな言葉を繰り出すか、みなさんも想像してみてください。

第20作

『男はつらいよ 寅次郎頑張れ！』

封切日：1977年（昭和52年）12月24日
マドンナ：藤村志保
ゲスト：中村雅俊、大竹しのぶ
主なロケ地：長崎県平戸

志らくの前口上

寅さんの奮闘努力

STORY

旅から帰った寅さんは、いきなり大変な目にあいます。とらやに下宿中の青年・ワットくんこと良介（中村雅俊）が、寅さんを押し売りと間違えて大騒動に。でもその後、すっかり仲直り、意気投合します。柴又の食堂の看板娘・幸子（大竹しのぶ）に恋をしていた良介に、寅さんは頼まれもしないのに恋の手ほどきをしてやります。ところがフラれたと勘違いした良介は、ガス自殺を図り、とらやの２階が大爆発！　責任を感じた良介は、故郷の長崎平戸に帰ってしまいます。寅さんが会いに行くと、良介の美しい姉・藤子（藤村志保）に一目惚れ。平戸に居着いてしまいます。

寅さんが若者に恋愛指南を買って出るのは、第１４作『寅次郎子守唄』以来となりますが、本作以降、寅さんはしばしば〝恋愛コーチ役〟で奮闘努力する機会が増えていきます。

アイ・ラブ・ユー。できるか青年！

この作品は、当時まだ二十歳の女優、大竹しのぶの存在が光っていましたね。演じていたのは柴又にあるふるさと亭の従業員・幸子です。田舎から出てきたばかりの素朴なイメージがあって、町の食堂の女の子というイメージがぴったりでした。

大竹しのぶの印象が鮮烈なので、寅さんのマドンナだと思ってしまいそうなところですが、寅さんの恋のお相手は、長崎県平戸で暮らしている藤子（藤村志保）でした。島の土産物屋兼貸自転車屋を営んでいて、教会の神父（桜井センリ）が彼女のファン。そこに寅さんが現れて恋物語が進行していくのです。

ところで本作の重要人物の紹介が最後になりました。とらやに下宿しているワットくんこと良介です。演じる中村雅俊は、青春ドラマの大スター。背が高くて足がスラッと長く、寅さんとはぜんぜん世代が異なる若者現る、という感じです。

今回、**寅さんは恋愛コーチ役で大活躍**します。ワットくんが惚れているのが幸子。デートのやり方を教え込んで送り出すのですが、あまりに不器用でデートはうまくいかず、帰りの電車賃まで幸子に借りる始末……。そんな顛末があるわけですが、今回の名ゼリフ「アイ・ラブ・ユー。できるか青年」は、恋愛コーチ寅さんからワットくんへのアドバイスでした。

「おいこら！　ここが大事なとこなんだよ。差し出したおまえの手に娘の頬が触れる。娘が振り返る。いいか。ここで目をそらしちゃいけないぞ。ジーッと娘の目を見る。お前が好きなんだよという思いを込めて娘の目を見る。そこでお前の気持ちが通じるんだ。そこだよ！　そこで最後のセリフを言う。アイ・ラブ・ユー。できるか青年！」

初デートのための授業としては、なかなか高度な内容にも思えます。決めゼリフは「愛しています！」でもいいはずなのに、寅さんの教えはなぜか英語でアイ・ラブ・ユー。ここはやはり寅さんは江戸っ子です。愛しているなんてヤボなセリフはどうしたって言えない。江戸っ子の美学として許されない。

愛していると言わない代わりに、目で気持ちを伝えるのが寅さん流です。第1作で博に女性の口説き方をコーチした、あのセリフと同じ**アイ・ラブ・ユー**を伝授するのでした。第1作を観ていれば、ひっくり返って笑えるシーンです。

ところが寅さん自身は、恋する女性にアイ・ラブ・ユーが一度も言えたためしがない。今回も藤子にはっきり気持ちを伝えないために、寅さんの気持ちに気付いている彼女を苦しめてしまうことになりました。**本当にできの悪い恋愛コーチ**なのですが、ワットくんの恋は無事に成就させることができました。自分の恋が成就すること以上に、若い二人が結ばれることを喜ぶ。ここにも寅さんの**犠牲愛のカタチ**が表れているようです。

令和の寅さんなら何て言う!?

令和の時代に、寅さんのような恋愛指南、恋のコーチ役が成り立つでしょうか。誰かの恋のために一肌脱いであげようという感覚、いまの若者にわかるかどうか。他人の恋愛に首を突っ込んで、あれこれアドバイスしようとするなんて、余計なお世話としか思われないのかもしれません。でも、シリーズを第1作からずっと観ていくと、寅さんの恋愛遍歴や人間的な成長がわかります。「アイ・ラブ・ユー。できるか青年!」。最高のセリフです。

第21作

『男はつらいよ 寅次郎わが道をゆく』

封切日：1978年（昭和53年）8月5日
マドンナ：木の実ナナ
ゲスト：武田鉄矢、竜雷太
主なロケ地：熊本県田の原温泉

志らくの前口上

寅さんの奮闘努力

STORY

今回の寅さんは、熊本の温泉で地元の青年・留吉（武田鉄矢）に、人の道を大真面目に説きます。留吉は寅さんに感化され、ついには上京します。帰郷した寅さんは、さくらの同級生で幼なじみのSKDの踊り子・紅奈々子（木の実ナナ）に夢中になって、連日レビューに通い詰めます。奈々子はダンサーとして限界を感じ、続けるべきか、結婚して引退すべきか悩んでいて……。

寅さんのマドンナは、SKD（松竹歌劇団）の踊り子、紅奈々子（木の実ナナ）です。木の実ナナ自身は、SKD出身ではなく劇団四季で活躍しました。

「男はつらいよ」出演陣のなかでSKD出身者は、さくらを演じる倍賞千恵子。そして本作の設定では、紅奈々子とさくらは幼なじみの関係というのが面白いですね。いまはもうない浅草国際劇場のレビューシーンは、昭和芸能史の記録としても非常に貴重なフィルムです。

青年。女にふられたときは、じっと耐えて、一言も口を利かず、黙って背中を見せて去っていくのが、男というものじゃないか。

武田鉄矢、木の実ナナ、竜雷太、じつに濃い俳優陣がそろった第21作『寅次郎わが道をゆく』です。このセリフは、男がフラれた場合にどう対処すべきか。恋愛経験の乏しい留吉青年に寅さんが指導しているシーンで登場します。

愛する人からフラれた場合、存在を全否定されたも同然。当然つらい思いを抱えることになります。失恋経験がある人ならわかるでしょう。

あまりにつらく孤独なので、誰かに気持ちを打ち明けて、慰めてもらいたい気持ちになります。フラれたことに不満がある場合、グチを聞いてもらいたい。そのことによって溜飲を下げたい。失恋の苦しみを乗り越えるために、いろんなことを試みるのだけれど、どんなことをやってみても、去った恋人が戻ってくるわけがありません。何をやっても無駄なのです。

悪あがきという言葉がありますが、失恋後に口を開けば開くほど、男としてみっともない様をさらすだけ。寅さんは、失恋の達人ですから、そのことを大変よく心得ている。そこで留吉青年に、こう伝えたのです。

「青年。女にふられたときは、じっと耐えて、一言も口を利かず、黙って背中を見せて去っていくのが、男というものじゃないか」

無駄なことをするぐらいなら、じっと黙って引き下がるのが男らしいという教えです。

フラれた瞬間、即座に「どうして？」と聞くのもみっともないですね。「なんでだよ！」と怒ってしまう人がいるかもしれません。何をどうしたって、失恋の事実は覆ることがない。でも、大失恋になるほど自分がフラれたという事実を受け入れられません。

失恋したら恨み節を言うな、言い訳もするな、ただひたすら黙っていろ。これが寅さんの教えです。時代を問わず、世界中で通用する対処法かもしれません。

年がら年中旅をしている寅さんは、失恋するとその場から消えます。カバンを持ってスッと立ち上がり、「あばよ」と言ってまた旅の人になるのです。

恋の相手や家族にも一切面倒をかけません。ただひたすら時間が経ち、失恋の傷が癒えるまで、日本のどこかを旅している。**フラれた後がたまらなく格好いいのが寅さん**なのです。だから世の男性たちは寅さんに憧れるのでしょう。男性ばかりではありません。**フラれても男を上げる寅さん**は、女性にとっても憧れの人なのです。

「男はつらいよ」主題歌の歌詞にもあるとおり、男というものはつらいもの、顔で笑って腹で泣くんだ、それが男なんだよ……。これが粋を重んじる江戸っ子の生き方の理想であり、**寅さんらしいストイックな美学**でもあるのです。

令和の寅さんなら何て言う!?

「女にふられたときは、じっと耐えて、一言も口を利かず、黙って背中を見せて去っていく」。令和の現代においても、「寅さんの言うとおりだな!」と思わせてくれるセリフであってほしいですね。いまはフラれると相手に粘着したり、自分の正当性を主張したいがために、LINEを他人に公開してしまったり、交際時に撮影した写真をばらまいたりする人がいますね。それがどれだけみっともないことか。寅さんに一度叱られたほうがいいでしょう。

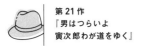

第22作

『男はつらいよ 噂の寅次郎』

封切日：1978年（昭和53年）12月27日
マドンナ：大原麗子
ゲスト：室田日出男、泉ピン子、志村喬
主なロケ地：長野県木曽福島、静岡県大井川

志らくの前口上

寅さんの奮闘努力

STORY

木曽路を旅していた寅さんはバス車中で、博の父・飈一郎と再会します。そこで平安時代の説話集『今昔物語』をたとえに人生のはかなさを教えられ、故郷の柴又へ戻ってきます。ちょうどそのころ、とらやには、美しい臨時店員・荒川早苗（大原麗子）が勤めていました。可憐な美女との出会いに張り切る寅さんでしたが……。

「男はつらいよ」シリーズには数々の寅さんの恋のお相手＝マドンナが登場します。寅さんファンは、どのマドンナ女優が一番好きかという話で盛り上がれるわけですが、私としては本作に登場した大原麗子が一番美しいマドンナだと思います。当時から大原麗子を知らない人はまずいなかったけれど、この作品を観たときには衝撃を受けました。ここまできれいなのかとたまげましたね。山田洋次監督が、それだけ魅力的に彼女の美しさを引き出したのでしょう。

人生についてよく考えろって。ぼけっとしている間に、あっという間に骸骨になっちゃうんだから人間は。

博の父親・颷一郎に教えてもらった説話集『今昔物語』の話で、**「どんな美人であろうと、死ねば骸骨になってしまうのだ」**と、人生のはかなさを諭された寅さん。すっかり感銘を受けて、とらやの茶の間で一家に語って聞かせます。古典文学の難しい話を、寅さんが笑いに転化しています。

寅さんが一目惚れしたマドンナの早苗のような美女だって、死んだら骸骨。人間とは虚しいものだと気取って見せています。

寅さんはこれまで何度も失恋を経験してきたけれど、美女に出会って恋愛をしてしまう自分に対する疑問のようなものが頭をもたげてきたのかもしれません。俺はこれまで一体何をしていたのだろうか。我が身を振り返って反省したのかもしれません。

作品の冒頭で、大井川の橋で旅の僧侶（大滝秀治）とすれ違いざまに、こんな会話を交わします。

雲水「まことに失礼とは存じますが、あなたお顔に女難の相が出ております。お気をつけなさるように」

寅さん「わかっております。物心ついてこの方、そのことで苦しみ抜いております」

ここにも己の恋愛に対する疑問符が提示されています。ちゃんとテーマがつながっているわけです。

寅さんは『今昔物語』をちゃんと理解していないフリをしているけれど、博の父親からの教えを通じて、じつは人間の真理をきちんとつかんでいると感じます。理解した内容をまともにとらやの一家に教えるのは少々照れる。そこでちょっと笑いに変えて語って聞かせていたとしたらどうでしょうか。

寅さんには**江戸っ子特有の〝照れ〟**があるのです。『今昔物語』に感銘を受けたけれど、しょせんは聞きかじりの知識に過ぎない。偉そうに語るのは恥ずかしい。だったらみんなの前で話すときは、ちょっとギャグをまぶしておこう。寅さんはとても賢い人なので、それくらいのことは考えていたと想像していますよ。

江戸っ子の了簡からすると、物事に一生懸命になること、必死になることはちょっと恥ずかしいことなのですね。格好悪いと感じる。それが江戸っ子の〝照れ〟なのですが、この**照れが昇華して一つのスタイルになったのが〝粋〟**です。寅さんがいつだって粋に見えるのは、もとをたどれば照れなのです。

恋愛やお金など自分の欲望に対してガツガツするのは恥ずかしいこと。すべてサラッと交わす。そんな**照れがあるから粋に見える。これが江戸っ子の美学**なのです。

令和の寅さんなら何て言う!?

寅さんが格好よく見えたりする理由は、もとは照れがあるから。令和のいまでも、「あの人、粋だな」なんて言い方がありますが、粋をきちっと説明しようとするととても難しい。でも、もともとはその人の照れなのだとわかれば理解しやすいのではないでしょうか。ネットで調べた情報程度で知ったかぶりするのは粋とは真反対、ヤボなのですよ。『今昔物語』をギャグにして説く寅さんの粋な格好よさをセリフから味わっていただきたいものです。

第23作

『男はつらいよ 翔んでる寅次郎』

封切日：1979年（昭和54年）8月4日
マドンナ：桃井かおり
ゲスト：湯原昌幸、布施明、木暮実千代
主なロケ地：北海道支笏湖

志らくの前口上

寅さんの奮闘努力

STORY

今回の寅さんは、新しいタイプのマドンナを相手に、少々苦労したのではないでしょうか。今回寅さんが北海道の旅の途中に出会ったのは、田園調布のお嬢さま・ひとみ（桃井かおり）です。いまだかつて出会ったことのない現代的な女性で、なんとも気だるい態度ですから。

会社社長の御曹司との結婚を控え、ブルーな気分に沈んでいたひとみは、結婚式当日、お色直しの最中に会場から逃げ出し、寅さんから聞いていた柴又へ逃げ込みます。彼女が本当に愛していたのは別の男性で……。まるでダスティン・ホフマン主演の映画『卒業』ですね。

昔の典型的な日本人の代表である寅さんからすると、いよいよ新世代の登場といいますか、寅さんにとってもっとも理解しがたいマドンナだったのではないでしょうか。そんなひとみとの恋の顛末も楽しい作品になりました。

田園地帯か。お父っちゃん、百姓？

「翔んでる」という言葉に時代を感じます。相米慎二監督のデビュー作『翔んだカップル』（1980年）が、鶴見辰吾と薬師丸ひろ子の初主演映画（柳沢きみおのコミック『翔んだカップル』が原作）として公開されたり、胡桃沢耕史の推理小説『翔んでる警視』シリーズもありました。**「男はつらいよ」は時代性を敏感に取り込んだ作品**になっていたのです。

今回のマドンナひとみを演じるのは、当時引っ張りだこの人気女優になっていた〝翔んでる女優〟桃井かおりです。これまで寅さんが恋をしてきた女性たちは、どちらかというと古風なところがありました。特に初期は昭和の時代の正統派女優の雰囲気をまとった数々のマドンナたちが登場して、ファンを楽しませてくれました。

ところが桃井かおりは、**物憂げな雰囲気を漂わせる現代的な女性**です。リアリティのある存在が「男はつらいよ」の世界に飛び込んできた。このミスマッチングなマドンナが寅さんと出会い、どんな化学変化を起こすか。そのへんも見どころになっていますね。

マドンナひとみは、田園調布のお嬢さまという役どころ。結婚相手（布施明）がいたのだけれど、なんと結婚式当日に脱走してしまう。映画『卒業』のように恋人が迎えに来たわけではなく、花嫁衣装のままタクシーに乗って逃走してしまうのです。

寅さんとの出会いは、その事件よりも前。ひとみは車を運転して一人きりの北海道旅行を楽しんでいました。ひょんなことから寅さんと出会い言葉を交わします。互いの出身地を聞くと、寅さんは「葛飾」、ひとみは「わたしは田園調布」と答えます。寅さんはすかさず、**「田園地帯か。お父っちゃん、百姓?」**と答えるのです。

寅さんが田園調布を知らないのも無理はありません。大田区田園調布が高級住宅地として全国的に知名度を上げたころだったのですね。１９８０年代の漫才ブームで、星セント・ルイスの**「田園調布に家が建つ」**というギャグが生まれて、一気にその名が全国区になりました。

でも１９７０年代終わりごろまでは、大田区や世田谷区は信じられないくらい田舎でした。

私の実家は世田谷の梅ヶ丘ですが、自信をもって田舎だったと言えます。畑がいっぱいあったし、未舗装の道路が多かった。トイレは水洗トイレではなく汲み取り式でしたから。

すでに名を轟かせていた高級住宅地の名前を寅さんが知らない。百姓でもやっているのかとギャグにする。これは日本経済が急成長し、**東京という街が大きく変わりつつある時代の節目を表現している名ゼリフ**です。

〝新人類〟のハシリのような桃井かおりが登場するけれど、昔ながらの寅さんの世界とうまくブレンドしています。こうして「男はつらいよ」シリーズは、1980年代に突入しても新たなファンを獲得していくのです。

令和の寅さんなら何て言う!?

昭和が終わり平成元年を迎えるのは、『翔んでる寅次郎』から10年後の1989年でした。一つの時代の節目が近づいている。人も街も大きく変わりつつある時代。それが「田園調布」というセリフに表れていました。寅さんが令和の東京を見たら、豊洲とか晴海のあたりに街ができたと聞いて驚くでしょう。山手線には「高輪ゲートウェイ」なんて新駅が加わった。「そんなんじゃ『鉄道唱歌』が歌えないじゃないか」なんて不満な顔を浮かべそうです。

第24作

『男はつらいよ 寅次郎春の夢』

封切日：1979年（昭和54年）12月28日
マドンナ：香川京子
ゲスト：ハーブ・エデルマン、林寛子
主なロケ地：和歌山県和歌山、アリゾナ（アメリカ）

志らくの前口上

寅さんの奮闘努力

STORY

「男はつらいよ」も国際化の時代へ!? 本作には〝アメリカ版寅さん〟が登場します。薬のセールスマンが日本を訪問、寅さんと出会ったり、恋をしたりして騒動を巻き起こす物語です。

アメリカ人のセールスマン、マイケル・ジョーダン（ハーブ・エデルマン）がとらやに現れ、英語が通じず困っていたところへ、満男の英語塾の先生・めぐみ（林寛子）の母親・圭子（香川京子）が居合わせ通訳してくれます。御前様の提案で、マイケルはとらやの2階での下宿生活を始めます。なんとこのマイケルが人妻のさくらに恋をしてしまうという驚きの展開が待っています。

最初は「アメリカは嫌い」とマイケルを毛嫌いしていた寅さんが、似たもの同士だと気付いて仲良くなり、友情が芽生えていくなど、娯楽要素もたっぷりな楽しい作品です。

日本の男はそんなこと言わないよ。何も言わない。目で言うよ。

とらやの茶の間で、アメリカ流の愛の伝え方について話すシーンで飛び出すセリフです。少し長いのですが寅さんのセリフを全部紹介しましょう。

「日本の男はそんなこと言わないよ。何も言わない。目で言うよ。『お前のことを愛してるよ』。すると向こうも目で答えるな。『悪いけど、私あんたのこと嫌い』。するとこっちも目で答えるな。『わかりました、いつまでもお幸せに……』。そのままくるっと背中を向けて黙って去るな。それが日本の男のやり方よ」

「目でものを言う」。これは日本人独特の感覚です。外国の人にはおそらく理解できない。ものを言うのは口だろう。口で言えばいいじゃないか。欧米的な考え方では意味不明でしょう。日本には**「阿吽の呼吸」**という言葉もあります。お互いに口で言わなくても、呼吸を合わせるように意思が通じる。昔の日本人だったら誰にでもわかる感覚があったのです。

「男はつらいよ」は一部の外国人にも熱烈に愛されてもいますが、残念ながらこれまでディズニー映画のようにグローバルなヒットにはなっていません。同じ喜劇映画でも、チャップリンの映画は、全世界で観客にウケました。「男はつらいよ」は主に日本文化圏で愛されている映画です。

世界でヒットしないのがいけないと言いたいわけではありません。むしろ逆です。「愛している」と口で伝えるのではなく目で伝えようとする。そんなやり方を粋だとする感覚がわかる人だけに、**「男はつらいよ」の面白さや寅さんの格好よさ**がわかるのです。

外国文化の中で暮らしてきた人には、粋とかヤボを理解するのは難しいでしょう。私たち日本人には、ウディ・アレンのユダヤ人ジョークが完全には理解できないのと同じです。

アメリカ人に「粋」を説明するのは骨が折れるでしょうね。英語だと「スマート」とでも訳すのでしょうか。**粋、ヤボ、オツ、わび、さび**なんて、どれも感覚的すぎて説明も難しい。でも、私たち**日本人はこうした微妙な感覚でわかりあってきた**のです。

粋は、お金に困っていた江戸っ子が、貧乏の恥ずかしさ＝格好いいことに転換させて生まれた感覚だと想像しています。**やせ我慢の美学**ですね。金がないのはみっともない。でも、宵越しの金はドブに捨てちゃう。それが格好いいのだというやせ我慢です。そうしないと自分たちの尊厳が保てないから。額に汗して働いて金を稼ぐのをヤボだと決めつけるのは、自分たちは酒を飲んで遊んでいたいから。そのほうが格好いいという価値観が、粋の感覚なのです。

寅さんが目で気持ちを伝えると粋がっているのも、どこかやせ我慢なのです。私は**そんな寅さんがかわいらしくて仕方がない**のです。

令和の寅さんなら何て言う!?

自分の感情をストレートに表現するアメリカ人と、胸に秘め表には出さない日本人とのコミュニケーション・ギャップがテーマの喜劇作品でした。現代日本の若者は、マイケルに近い感覚かもしれません。粋とかヤボなんてわからない子が多いではないですか。だから、「日本の男はそんなこと言わないよ。何も言わない。目で言うよ」という寅さんのアプローチには、かえって新鮮味があるかもしれませんね。

第25作

『男はつらいよ 寅次郎ハイビスカスの花』

封切日：1980年（昭和55年）8月2日
マドンナ：浅丘ルリ子
ゲスト：江藤潤
主なロケ地：沖縄県沖縄、長野県軽井沢

まくらの前口上

寅さんの
奮闘努力

STORY

マドンナは、浅丘ルリ子演じる松岡リリー。第15作『寅次郎相合い傘』以来、シリーズ3回目の登場です。一緒になる寸前まで行ったのに、最後は喧嘩別れ。寅さん、またリリーに会えるとは思わなかったでしょうね。

再会のきっかけは、帰郷していた寅さんのもとに懐かしいリリーから届いた一本の手紙。なんと沖縄で病に倒れ、入院しているのだといいます。飛行機嫌いの寅さんですが、那覇へ急行。病院に足繁く通う寅さんの看護の甲斐あって、リリーは退院できるところまで回復。そして二人は、海辺の小さな家で同棲生活をスタートするのですが、またも些細なことがきっかけで大喧嘩に……。

返還間もない沖縄の情景は、いまや貴重。南国沖縄で始まる寅さんとリリーの夫婦同然の暮らしは、幸福に満ちています。シリーズ屈指のラブロマンスです。

ヤボな告白

リリー、俺と所帯を持つか……。

沖縄で夫婦同然に暮らしていた寅さんとリリーですが、寅さんはやっぱり風来坊。入院中、寅さんはリリーの世話をして感激させていたのに、二人の生活が始まるとフラフラと遊び人のような暮らしぶりです。ある夜、ちょっとしたことがきっかけで口論になり、リリーは置き手紙を残して去ってしまいます。またしても寅さんはフラれてしまった。寅さんが帰郷し失意の日々を過ごしていると、リリーが姿を見せて、また恋の炎が燃え上がります。

とらやの茶の間でリリーと過ごしながら、とらや一家の面々に、幸福な沖縄での日々を語って聞かせる寅さんでしたが、フッと口を突いて出てきたセリフが、これでした。

「リリー、俺と所帯を持つか……」

リリーはハッとした表情になり、一瞬固まります。様子がおかしいので我に返り、

「俺、いま何か言ったかな」と、ごまかす寅さん。

「やあねえ寅さん、変な冗談言って。みんな真に受けるわよ！」と冗談にしてしまうリリー。

その後リリーは、こんなふうにも言いました。

「私たち、夢見てたのよ、きっと。ほら、あんまり暑いからさ」

何とも粋な会話です。第25作では**リリーが寅さん以上に粋**なのです。そこへ来ると、寅さんの「所帯を持つか」なんてセリフは、ストレートすぎてヤボの極みです。

でも、そこがこのセリフのポイント。寅さんに思い切りヤボなセリフを言わせることによって、リリーも、とらや一家も、そして寅さん本人までが、とんでもなくヤボなことを言ってしまったと衝撃を受けるのです。この世で一番粋な人、**粋が背広を着て歩いているような寅さん**が、リリーを前にしてヤボの極みの発言をしてしまった。ストレートなプロポーズを受けたリリーは虚を突かれて、驚いたような、うれしいような、泣き出しそうな、何とも言えない表情を見せます。この浅丘ルリ子の芝居が見事です。

普通の女性なら、「そうね、一緒になりましょう」と返答すれば、二人はめでたくゴールイ

ンです。しかし、**リリーは寅さんのように粋な女性**。ヤボな答えはできません。そこで、寅さんのセリフを冗談にしてごまかしてしまった。

嫌いな飛行機に乗ってフラフラになったり、沖縄の暑さにやられて電信柱の影に隠れたりしていた寅さんは無様でした。でも、リリーにとってそんな寅さんが愛おしかったはずです。だから一緒に暮らし始めた。しかし、やがて粋な遊び人の寅さんに戻ってしまったために、リリーも粋を貫くことにしました。その結果、二人の結婚は砂浜に作った城のように、幻となって消えてしまうのでした。あと少しで**二人はめでたく夫婦になれたのに……**。ファンの歯がゆい思いは、この後も続いていくのです。

令和の寅さんなら何て言う!?

沖縄に到着したばかりの寅さんは、飛行機に乗って倒れそうになったり、あまりに暑いのでアイスキャンディーをおでこにくっつけたり、ひどく格好悪いです。こんな格好悪い寅さんを現代の若者が見たら、「かわいい～！」と表現するのかもしれません。「所帯を持つか」なんてセリフも、「なにそれー、面白～い！」と食いつくかも。粋だのヤボだの言ってもいまは通用せず、「寅さん、かわいい～」になるのかもしれませんね。

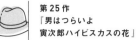

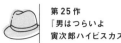

第26作

『男はつらいよ 寅次郎かもめ歌』

封切日：1980年（昭和55年）12月27日
マドンナ：伊藤蘭
ゲスト：松村達雄、村田雄浩
主なロケ地：北海道江差、北海道奥尻島、徳島県阿波徳島

志らくの前口上

寅さんの奮闘努力

STORY

北海道江差を旅していた寅さんは、テキヤ仲間・常の死を知り、奥尻島へ墓参りに出向きます。そこで常の娘・すみれ（伊藤蘭）と出会います。東京で働きながら定時制高校に通いたい。そう打ち明けるすみれのことが心配で、柴又へ連れて帰ります。猛勉強の甲斐あって、すみれは入学試験に合格、仕事にも就きましたが……。

寅さんが久々に若い娘に恋する物語です。マドンナすみれを演じるのは、元キャンディーズの蘭ちゃんこと伊藤蘭。現役シンガーとして活躍中の蘭ちゃん、当時はまだ二十代半ばの若さ。私も若かったので、生意気に「なんだ、アイドルがマドンナか」と思ったものですが、見直すと蘭ちゃん、いいんですよ。

ちょっと気が強くて、健気なところがたまらなくかわいらしい。改めて蘭ちゃんの魅力に気付かされる感動的なラブストーリーに仕上がっています。

幸せになれるんだろうな、おめえ。もしならなかったら、俺は承知しねえぞ。

前作『寅次郎ハイビスカスの花』で、リリーと熱烈な大恋愛をした寅さん。あと少しで所帯を持つところでした。そして今回の『寅次郎かもめ歌』は、約半年後の物語です。それほど月日が経っていないのに、今度の恋のお相手は、テキヤ仲間の娘・すみれ（伊藤蘭）です。仲間の娘ですから、親と子ほど年が離れています。そのうえ前作で恋したリリーとはまったくタイプの異なる清純な女の子なのです。この落差がすごいですね。

今回も寅さんは**若者たちの恋愛を応援するコーチ的なポジションで大活躍**します。中村雅俊と大竹しのぶのカップルを応援した第20作『寅次郎頑張れ！』以来の恋愛コーチ。しかも今回は、親の目線も加わっていることに注目したいですね。

寅さんは、上京して定時制高校で学び、就職を希望する**すみれの夢をかなえてやろうと奮闘努力**します。夜間学校の教室にも潜入して、クラスの人気者になったりする。すみれも懸命に勉強して仕事も得ます。まだできたばかりのセブン-イレブンで働き始めるのは、いま見るとびっくりです。

すみれの保護者として接しているうちに、寅さんはだんだんすみれに惚れていってしまいます。健気で真っ直ぐな心を持った女性なので、観ているほうも「いい子だな、頑張ってほしいな」と応援したくなります。

そんなある日、函館で大工をしている青年・貞男（村田雄浩）が、すみれの行方を追って東京に出てきます。そして、一緒に暮らしたいと熱烈なプロポーズ。すみれは貞男の腕に強く抱きしめられるのでした。

翌朝、誘拐されたのではないかと、無断外泊したすみれのことを寅さんは心底心配しています。そこにすみれが帰ってきます。怒り心頭だった寅さんに、すみれは貞男と結婚すると打ち明けます。この瞬間、寅さんの恋は終わりました。

そして、出て行こうとする寅さんがすみれにかけた言葉が、今回の名ゼリフでした。

寅さん「幸せになれるんだろうな、おめえ」
すみれ「うん。きっとなる」
寅さん「もしならなかったら、俺は承知しねえぞ」

保護者としてはすみれを叱る立場にある寅さんですが、惚れているのでフラれる立場でもある。セリフにはありませんが、「俺はこの恋から引くから、お前は幸せになるんだよ」という願いが寅さんの表情からうかがえる名場面です。
「幸せになれるんだろうな」は保護者や親目線の言葉で、「承知しねえぞ」はフラれた恋人の目線からしか出ない言葉です。**恋愛感情を潔く引いた男**にしか言えません。そういった文学的な深いニュアンスを込めた名ゼリフなのです。

令和の寅さんなら何て言う!?

今回の名ゼリフは、親の立場、恋人の立場が混じっているところに味わい深さがありました。あるいは恋愛感情を超えた男女の友情がもし成立するならば、同じセリフが言えるかもしれません。いや、性別を超えた真の友情がなければ成立しないでしょう。もしこんなことを言ってくれる人が身近にいたなら、幸せなことではないでしょうか。さりげないセリフですが、多くのことを考えさせる、いまも生きている名ゼリフです。

第27作

『男はつらいよ 浪花の恋の寅次郎』

封切日：1981年（昭和56年）8月8日
マドンナ：松坂慶子
ゲスト：芦屋雁之助
主なロケ地：大阪府大阪、長崎県対馬

志らくの前口上

寅さんの奮闘努力

STORY

瀬戸内海に浮かぶ小さな島を旅していた寅さんは、墓参りをしている美しい娘・浜田ふみと知り合います。その後、しばらくして大阪で芸者をしているふみと、神社で偶然にも再会。美しさに磨きがかかったふみと楽しい日々を過ごします。しかし、ふみには生き別れになった弟がいました。どうしても弟に会いたい。寅さんに打ち明け、やっと居所がわかったのですが……。

マドンナのふみは、「愛の水中花」がヒットして人気歌手としても活躍した松坂慶子。本作の翌年公開の映画『蒲田行進曲』も高く評価され、乗りに乗っていた時期です。透きとおるような美しさに圧倒されてしまいます。こんな美女が涙を流しながら、寅さんの膝にしなだれかかる。さあ、寅さんどうする！ ハラハラドキドキ、艶やかな恋物語が、大阪・新世界を中心に展開する傑作です。

忘れるってのは、ほんとうにいいことだなぁ。

印象に残ったセリフは、大阪で芸者をしているマドンナふみ（松坂慶子）と寅さんのじつに色っぽいシーンです。ふみには幼いころに別れた弟がいました。その日、寅さんと一緒に居場所を突き止めると、なんとひと月前に亡くなっていたというのです。

弟が暮らしていたアパートに行くと、交際していた恋人がいました。

「お母さんみたいに懐かしい人」と言って、お姉さんに会いたがっていたと聞かされ、ふみはすっかり打ちのめされてしまいます。なぜもっと早く会いに来てやれなかったのか……。

その夜、仕事にも身が入らずお座敷を抜け出し、寅さんが宿泊している大阪新世界ホテルの部屋を訪ねてくるのです。弟に死なれて残された恋人がかわいそう。弟のことをいつか忘れられるだろうか。ふみは寅さんに尋ねます。そこで出るセリフが、

「そら、いまは悲しいだろうけどさ、ね、月日が経ちゃあ、どんどん忘れていくもんなんだよ。忘れるってのは、ほんとうにいいことだなぁ。一年か二年経ちゃ、あの娘もきっと新しい恋人ができて、幸せになれるよ。忘れられるよ。体験した俺が言ってるんだから間違いありゃしないよ」

「男はつらいよ」史上、もっとも説得力のある言葉かもしれません。忘れることの大切さを寅さんが伝えるセリフなのです。

寅さんは忘れる達人。何度失恋しても、すぐに新しい恋に夢中になれるのは、悲しい出来事をきれいに忘れることができるからでしょう。

「忘れられるよ。体験した俺が言ってるんだから」と、弟を失った悲しみに暮れるふみの悲しみも、いつか忘れることができるよとアドバイスしています。これまで失恋を重ねては忘れ、また恋をしてきた寅さんが言うのだから、間違いありません。

何度でも恋愛し、さっぱりと忘れ、また新しい恋へ。このセリフを聞いた観客は、一斉に「そうだそうだ！」とうなずいたに違いありません。

その後、ふみは潤んだ瞳で**「寅さん泣いてもええ?」**と言ったあと、寅さんの胸にしなだれかかり、膝に頭を乗せてうつ伏せで号泣するのでした。そして寅さんは、

「泣きな、いくらでも気のすむまで泣いたらいいんだよ」と言います。

泣くのはおよしとハンカチの一つでも渡すのではなく、好きなだけ泣けばいいよと言ってくれる寅さん。気持ちを否定する言い方ではなく、泣きたい気持ちに共感しているのです。

このシーンを観たらどんな女性でも、寅さんって優しい人！　と感激するでしょう。男が格好をつけて「泣くなよ」なんて言うのは、女性にしてみたら逆効果。「泣きたいのに泣くなって、なんなのよ！」と怒られてしまうでしょう。

令和の寅さんなら何て言う!?

泣いている女性に、気がすむまで泣きなよと言ってあげられる寅さんは、現代でもきっと若い女性の心をつかむでしょうね。いまの世の中で「泣くなよ！」なんて言ったら、パワハラだなんて言われかねません。女性の肩にそっと手を乗せようものなら、セクハラだと騒ぎになってしまうかもしれません。寅さんみたいに、心から相手に共感する言葉をかけられる人になりたいものです。

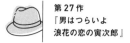

第28作

『男はつらいよ 寅次郎紙風船』

封切日：1981年（昭和56年）12月29日
マドンナ：音無美紀子
ゲスト：岸本加世子、小沢昭一
主なロケ地：福岡県柳川、福岡県甘木（秋月城跡）、福岡県久留米、静岡県焼津

志らくの前口上

寅さんの奮闘努力

STORY

寅さんは、大分県の宿で相部屋を頼まれ愛子に出会います。愛子につきまとわれ、しぶしぶ旅をともにするハメに。ある日、縁日で商売をしているとテキヤ仲間のカラスの常三郎（小沢昭一）の女房・光枝に声を掛けられ、夫が病気と告げられます。寅さんが常三郎を見舞うと、「俺が死んだらくさ、あいつば女房にしてやってくれんと」と言われ……。光枝が上京してきたから寅さんは大慌て。なんとも色っぽい恋物語が展開します。

今回は２人のマドンナが登場します。一人は音無美紀子が演じる人妻の光枝。もう一人は岸本加世子が演じる家出娘の愛子。岸本加世子の女優としての力量は抜群でしたね。本作でも寅さんと真正面からやりあいながら「男はつらいよ」の世界にしっかり溶け込んでいます。寅さんとあれだけ張り合える若い女優なんて、そういません。見事なものです。

落語的

いい女が泣くと笛の音に聞こえるんだな。おばちゃんが泣くと夜鳴きそばのチャルメラに聞こえるんだな。

今回の名ゼリフは、チャルメラのくだり。寅さんがとらやの茶の間で、テキヤ仲間の美人の女房を託されてしまったエピソードに尾ひれを付けて、得意の話芸で語って聞かせている場面です。笛の音が聞こえると思ったら、夫の死に直面し悲しみに暮れる美しい未亡人が泣く声だったんだよ、というのです。

「いい女が泣くと笛の音に聞こえるんだな。おばちゃんが泣くと夜鳴きそばのチャルメラに聞こえるんだな」

参道を通るチャルメラの音とおばちゃんの「うえええええん！」という鳴き声がかぶさって、

観客は爆笑となるシーンでした。このチャルメラのセリフは、講談がもとでできた落語「源平盛衰記」からもってきたセリフですね。私の師匠・立川談志や先代の林家三平師匠も得意にしていたギャグでした。

寅さん「わかんねえもんだな、人の命なんてのは。はやい話がよ、この俺が今晩ぐっすり寝て明日の朝、パチッと目が覚めたら、死んでるかもしれねえもんな」

満男「死んでたら目覚まさないよ」

こちらは落語でのセリフではありませんが、「目を覚ましたら死んでいる自分に気付く」というニュアンスの面白さは、古典落語そのものなのです。

「男はつらいよ」シリーズには、随所に古典落語のエッセンスが散りばめられています。山田洋次監督は満州で過ごした少年時代から「落語大全集」を暗記するほど愛読していた落語少年だったそうですから、当然と言えば当然です。しかし、映画の世界でこれほどまで古典落語をふんだんに取り入れて作品づくりをしている監督はいないのではないでしょうか。

でも、映画界は落語の映画化にことごとく失敗してきた歴史があります。落語のストーリーを映画にすると、まず、つまらないのです。

落語にはたいしたストーリーはありません。なんともつかみ切れないニュアンスの塊のようなものが落語の面白さ。観客が笑っているのだから映画にすればウケるだろうと思うのかもしれませんが、ストーリーだけなぞった落語の映画ほどつまらないものはありません。

奇跡的に成功した例は、川島雄三監督『幕末太陽傳』（1957年）。こちらは「居残り佐平次」を軸に、「品川心中」「三枚起請」「お見立て」など遊郭噺のエッセンスだけを取り入れて、長編に仕立て上げました。さすがのセンスにうなります。

山田洋次監督も落語のストーリーではなく、寅さんを通じて落語のフレーズやニュアンス、人情噺のエッセンスを盛り込んで表現しています。**古典落語を使って本当に成功した映画、それは「男はつらいよ」をおいて他にありません。**

令和の寅さんなら何て言う!?

おばちゃんの泣き声をチャルメラと同じと言って、本当におばちゃんを泣かせてしまう寅さん。現代の基準だと、おばちゃんに対するハラスメントだと問題になるかもしれません。おいちゃんが寅さんによく言う「馬鹿だねぇ」も、人格否定だと騒がれたりして。しかし、おばちゃんの泣き声がひどいとか、馬鹿だねなんて言えるのは、それだけ仲がいい証拠。そこを汲み取らず映画にいちいちクレームを入れなくてもいいと思うのですがね。

第29作

『男はつらいよ 寅次郎あじさいの恋』

封切日：1982年（昭和57年）8月7日
マドンナ：いしだあゆみ
ゲスト：片岡仁左衛門
主なロケ地：京都府丹後伊根、滋賀県彦根、神奈川県鎌倉

まくらの前口上

寅さんの奮闘努力

「男はつらいよ」全作のなかで、私が特別に好きな一本です。オープニングの〝夢シーン〟は落語ファンにはたまらない「抜け雀」が下敷きになっています。名人が筆で描いた雀が抜け出てくるという噺です。この夢シーンが一つの伏線となって、本作に登場する陶芸家と寅さんが出会う物語が始まります。

STORY

舞台は京都。寅さんが下駄の鼻緒を直してあげた老人は、なんと人間国宝の陶芸家・加納作次郎（片岡仁左衛門）でした。作次郎の屋敷に泊めてもらった寅さんは、夫に先立たれ、娘を丹後半島は伊根の実家に預けて働いている、どこか陰のある女性かがり（いしだあゆみ）と出会います。寅さんとかがりは、ほとんど両思いになり、寅さんはデートに誘われたりするのですが……。じつにしっとりとした大人の恋が描かれる、純文学的な雰囲気のある名作中の名作です。

お前もいずれ恋をするんだなぁ。ああ、可哀想に。

本作の前半は、寅さんが人間国宝の陶芸家と出会い、打ち解け合う様子が楽しく描かれます。第17作『寅次郎夕焼け小焼け』で出会った日本画の巨匠、第19作『寅次郎と殿様』で出会った時代がかった殿様と似たパターンで、寅さんは権威のある人の懐にスッと入り込むのがとても上手です。今回の人間国宝も、すぐに心を開いて仲良くなります。

陶芸家のもとで学んでいる弟子の近藤（柄本明）と寅さんの会話が傑作でした。彼はもう12年間も修行をしていると聞いて、次のような会話が展開します。

寅さん「12年も長い間、修行をしているのか、たいしたもんだな」

近藤「この道は厳しいものですから。じゅ、12年か……」
寅さん「見込みないんじゃないか？　諦めるんだったら早いほうがいいよ」
近藤「ありがとうございます」
寅さん「人間他にいくらだって生きる道はあるんだから」
近藤「大きなお世話です！」

真面目に弟子を務めていれば、いずれ師匠と同じような芸術家になれると思ってこの世界に入ったのでしょう。寅さんにズバッと言われて、初めて12年間も芽が出ないまま弟子の地位に甘んじていることに気付く表情も傑作でした。

近藤はおそらく、「一人前の陶芸家になることが僕の人生の目標です」と胸を張りたかったのでしょう。しかし、弟子としてコツコツ働き、目標を立てながら努力したって、芸術の道では通用しません。思うがまま、感じるがままに作る。それが芸術というもの。寅さんは、それを理屈ではなく感覚でわかっているのです。

芸術家が目標を立てた時点で、もうその人には才能がないのかもしれません。

好きだからその道に入った。好きだから夢中になり、気がついたらものになっていた。それが芸の道です。どうやったら売れるだろうと考えている人は、なかなか成功しません。

自分が成功するという思い込みしかない。自分が失敗するなんてことは1％も考えない。せいぜい、失敗したらそのとき考えればいいや。私もそんなふうに思い込んで、師匠・立川談志の弟子になりました。

さて、清楚でしっとりとした大人の女性かがりと寅さんは、ほとんど両思いになります。かがりはどこか陰のある女性です。奥ゆかしさはあるのですが、肝心なところで自分の気持ちを引っ込めてしまうタイプでした。何とも言えず色っぽい女性です。

丹後半島・伊根にあるかがりの家で過ごした夜は、寅さんもなかなか眠れなかったでしょうね。お互いがお互いを意識し合っていて、どこかよそよそしいのだけれど、それでもかがりは寅さんが好き。それを寅さんも察しているので、妙な緊張感が張り詰めていました。

翌日、寅さんはかがりの家を発ちますが、**船着き場で寅さんを見送るかがりの姿**が切なかった。ぽつんと一人残された女性の寂しさが画面から伝わってくる名シーンです。

夢か幻のようだった丹後半島での出来事を思い返している寅さんは、すっかり恋わずらいに。とらやの2階でごろごろしていると、満男が心配そうに顔をのぞきます。そこで飛び出すセリフが、今回の名ゼリフ。

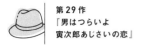

「お前もいずれ恋をするんだなぁ。ああ、可哀想に」

かがりの家で寅さんは、ちょっと色っぽい気持ちにもなりながら、自分が自分でいられないような苦しみも味わっていたのでしょう。恋には楽しい面もあるけれど、なんだかつらく切ないこともある。でも、**寅さんにとって悲しみの連続こそ人生**です。

満男の未来をのぞき見したようなセリフですが、寅さんの予言どおり思春期になると満男は恋に苦しむことになります。でも、寅さんとしては、**お前にも人間らしく楽しい人生がこれから待っているんだよ**、という気持ちまで入っているように思えます。

寅さんを追い掛けるように、かがりが上京してきます。さあ、これで完璧な両思いになる。かがりは寅さんを鎌倉でのデートに誘い出します。ところが寅さんは二人きりになるのは気まずいのか、小学生の満男を連れて行くのです。二人きりになれると思ったかがりは、きまりが悪くてたまらない。デートは盛り上がらないまま終了してしまいます。

とらやに帰ってきた満男はさくらに、おじさんとお姉さんは品川で別れたと言います。かがりはなんと、その足で京都に帰ってしまった。

「お姉さんと別れたあと、おじさん電車の中で涙こぼしてたの。言っちゃいけない、って言ったけどね」と満男は報告します。

寅さんが失恋して涙を流す。そのことを初めて満男が観客に教えてくれるのです。かがりとの別れと寅さんの涙を満男の報告だけで描いた。じつに見事でした。

いつもの寅さんだったら、鎌倉でのデート中も冗談を言いながら楽しく過ごせたはずでした。しかし、いざ結婚が目の前にちらついてしまったらぎくしゃくしてしまい、かがりとの会話がちっとも盛り上がらなかった。いつもの寅さんでいられなくなってしまったのです。

かがりのほうも、いつも笑わせてくれる寅さんが好きだったのに、鎌倉での寅さんは全然違う寅さんでした。それだけ寅さんは無理をしてしまったのです。そのせいで恋が終わってしまい、満男が見ているところで泣いていたのでしょう。なんとも切ない恋の結末でした。

令和の寅さんなら何て言う!?

まじめに弟子を務めれば芸術家になれる。目標を持ってコツコツ続けていれば夢はかなう。そう思いたいのはわかりますが、芸術や芸能の世界では通用しません。現代では「夢を持つことがいけないのか」なんて批判を浴びそうですが、「諦めるんだったら早いほうがいいよ。人間他にいくらだって生きる道はあるんだから」というセリフは、夢にしがみついて不幸になるなよ、という寅さんからのメッセージではないでしょうか。

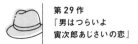

第30作

『男はつらいよ 花も嵐も寅次郎』

封切日：1982年（昭和57年）12月28日
マドンナ：田中裕子
ゲスト：沢田研二、朝丘雪路
主なロケ地：大分県臼杵、大分県別府鉄輪温泉、大分県湯平温泉

志らくの前口上

寅さんの奮闘努力

STORY

シリーズも30作の節目を迎えました。人気絶頂だったジュリーこと沢田研二と、人気女優の田中裕子を起用した作品です。このころになると昔みたいに寅さんがマドンナに恋をして、やがて失恋をして去っていくいつものパターンから、寅さんが若者の恋愛を応援する〝恋愛コーチ〟として活躍するパターンが定着していきます。あの失恋ばかりしている寅さんが、大スターのジュリーに恋愛の手ほどきをする。考えただけでワクワクする楽しいシチュエーションです。

物語の始まりは、大分県湯平温泉の宿。亡くなった母親がそこで女中をしていたという三郎（沢田研二）と寅さんが出会います。同じ宿に泊まっていた螢子（田中裕子）とも意気投合。超二枚目なのに口べたな三郎は螢子に惚れ、いきなり告白の大失態。そこで寅さんが恋のコーチ役を買って出るという物語です。

螢子ちゃん、わかってやれよ。あいつが喋れねえってのはな、あんたに惚れているからなんだよ。

デパート販売員の螢子と、動物園でチンパンジーの飼育員をしている三郎。この二人の恋がうまく進展するように、恋愛指南役の寅さんは奮闘します。

三郎がジュリーだと思うと不思議でならないのですが、とにかく三郎は口べたで無口、好きになった女性の前で気の利いたセリフの一つも言えない男。三郎に好意は持っているのだけれど、何を考えているのかわからないので螢子は困惑してしまうのです。そこで寅さんが三郎の気持ちを代弁するわけです。

「螢子ちゃん、わかってやれよ。あいつが喋れねえってのはな、あ

んたに惚れているからなんだよ。今度あの子に会ったらこんな話しよう、あんな話もしよう。そう思ってね、うち出るんだ。いざその子の前に座ると全部忘れちゃうんだね。で、馬鹿みたいに黙りこくってんだよ。そんなてめえの姿が情けなくって、こう涙がこぼれそうになるんだよ。な、女に惚れてる男の気持ちってそういうものなんだぞ」

これまで寅さんが恋愛指南役をしてきた経験が、これだけの言葉に凝縮されています。恋心を伝えるすべがない男たちが、それでもどれだけ本気で恋をしているか。寅さんは長い時間をかけて分析していたのですね。

日本男児たるもの女性にうつつを抜かして、軽々しく愛だの恋だの語るのはみっともない。それが昭和の時代の古風な男性の価値観でした。たとえ恋している女性に対しても、へらへらと愛想を言ったりしない。それが日本人の男の美学のように認識されていた時代がずっと長かったのです。

しかし、そんな男たちの価値観が普通だった時代の日本女性は、無口な男の心根、本心をみんなわかっていました。

「この人は口ではこんなことを言ってるけれど、本当は私に惚れているんだよ」という理解があったから、夫婦関係が成立していたのです。

ところが新しい時代に台頭してきた新しいタイプの女性たちが、古風な男性の気持ちが理解できなくなってくるのです。無口な男は何を考えているかわからない。変な人だと思うようになっている。だから寅さんが三郎の本心を〝翻訳〟しなければいけなくなった。

寅さんが**「女に惚れてる男の気持ちってそういうものなんだぞ」**と言ったあと螢子は、「わかってんのよ。三郎さんの気持ち、痛いほど。だけど私、十九や二十歳の娘じゃないでしょう。結婚って、もっと現実的な問題なの」と答えます。

男の身勝手や日本男児の美学というものは、すっかり通用しない時代になってきた。時代の転換期が、ここにはっきりと表れているのですね。

令和の寅さんなら何て言う!?

令和の現代、自分の好きなことなら延々と話し続けられる人が多いですね。自分をうまくプレゼンテーションする人も増えました。素人がYouTubeでタレント顔負けのトークを披露するなど、みんなよく喋ります。寡黙な男なんて、もはや化石なのかもしれません。そんな時代だからこそ、一周回って三郎青年のように無口な男がモテたりするのではないでしょうか。ミステリアスな雰囲気で、かえって特別な存在になりえるのでは?

第31作

『男はつらいよ 旅と女と寅次郎』

封切日：1983年（昭和58年）8月6日
マドンナ：都はるみ
ゲスト：藤岡琢也
主なロケ地：北海道羊蹄山、新潟県佐渡島

志らくの前口上

寅さんの奮闘努力

STORY

寅さんの旅は、越後の田舎町から始まります。そこでちょっとワケがありそうな一人旅の女性と出会い、声を掛けます。じつはこの女性、コンサート会場から突然失踪した大物演歌歌手・京はるみ（都はるみ）でした。そうとは知らない寅さんは、はるみと佐渡島に渡り、しばし楽しい時間を過ごすのですが……。

本作は言ってみればオードリー・ヘプバーンとグレゴリー・ペックの名作『ローマの休日』です。芸能界に嫌気が差した大スターが逃亡し、旅先で出会った寅さんと恋仲になっていく。青い浴衣姿でお酒を飲む。このシーンにはゾクゾクするような色っぽさを感じました。

実在する大スター・都はるみと、フィクションの京はるみがダブって、ドキュメンタリーを見ている感覚。オープニング曲を歌うのは、歌手・細川たかし。矢切の渡しで演じるコントも愉快でした。

風の吹くまま気の向くまま、好きなところへ旅してんのよ。まあ、銭になんねえのは玉にきずだけどな。

大スターだとは知らずに声を掛けた寅さんでしたが、京はるみが鼻歌を披露したりするうちに、この女性が「あの有名な京はるみ」であることに気付いてしまいます。それでも知らないフリをして、佐渡島ではるみと楽しいひとときを過ごします。

はるみ「寅さん、いつもこんなふうに旅してるの？」

寅さん「おう、風の吹くまま気の向くまま、好きなところへ旅してんのよ。まあ、銭になんねえのは玉にきずだけどな」

はるみ「そんな人生もあるのね。明日は何をするか、明日にならなきゃ決まらないなんて、い

いだろうな」

マネージャーに時間と行動を管理され、休む間もない歌手生活にほとほと疲れてしまった京はるみが、寅さんの自由気ままな暮らしに心から憧れて、こうつぶやいたのでした。

風の吹くまま気の向くまま自由気ままに暮らす。映画を観ていた観客は、京はるみの気持ちと完全にシンクロします。特に1980年代前半は、日本の高度経済成長を達成して、バブル経済に向かって邁進していった時代。『ジャパン・アズ・ナンバーワン』（社会学者エズラ・ヴォーゲルによる著書）なんて言葉がブームになった一方で、働きづめに働き過ぎたせいで日本人が疲れ切っていた時期とも重なっていました。だから、寅さんみたいな生き方ができたらどれだけ楽しいだろうという京はるみの言葉は、多くの観客の心を打ったのです。

当時の売れっ子芸能人の過密スケジュールといったら、一般の勤め人の忙しさの比ではなかったといいます。睡眠時間は2～3時間。あとは移動中に仮眠を取るだけ。目を覚ましてステージに立つけれど、自分がどこの現場にいるのかわからないほど忙しかった。日本中が同じような調子でばたばたと慌ただしく過ごしていたのでしょう。

そんな時代の空気はどこ吹く風、寅さんはずっと前からマイペースでした。日本人の生活が変わっていくなかで、寅さんの生き方だけが変わらなかった。寅さんの生き方が、自由の象徴のように輝いていた。だから、日本人の乾いた心に、寅さんの言葉がすーっとしみわたっていった。**寅さんの生き方が日本人の憧れ**になっていくのです。

寅さんとの淡い恋を経験して、はるみはすっかり心癒やされました。しかし、マネージャーたちが追い掛けてきて、別れのときは近づいてきます。

「そらぁ、俺だって行かしたかねえよ。だけどそんなことしたら、あんたのこと待っている大勢のファンががっかりするよ」と、はるみを送り出す寅さん。切ない恋の結末でしたが、京はるみがそうだったように、映画を観た人も寅さんからずいぶん励まされたでしょう。これ以降、寅さんはますます〝ヒーロー〟のように憧れの存在になっていくのです。

令和の寅さんなら何て言う!?

もう少しあとになると「24時間戦えますか」なんて栄養ドリンクのCM（1989年）が出てきたりして、現代の感覚ではほとんどブラック企業のような働き方ですよね。いまは企業が社員に休んでもらう努力をするのが当たり前。時代は変わりましたね。まるで社会全体が寅さんへの憧れを現実化しているような気がします。ソロキャンプしながらリモートワークなんて、寅さんより自由かも?

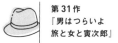

第32作

『男はつらいよ 口笛を吹く寅次郎』

封切日：1983年（昭和58年）12月28日
マドンナ：竹下景子
ゲスト：松村達雄、中井貴一、杉田かおる
主なロケ地：岡山県備中高梁、広島県因島

志らくの前口上

寅さんの奮闘努力

STORY

博の父の墓参りのため備中高梁に立ち寄った寅さんは、寺の娘・朋子（竹下景子）に一目惚れ。住職（松村達雄）と酒席で大いに盛り上がります。二日酔いでダウンした住職の代役で、寅さんはテキヤで鍛えた話術を駆使して法事を勤め上げてしまいます。すっかり寺に居着いてしまった寅さんは、朋子と一緒になりたくて僧籍に入ろうと……。

数多くのマドンナに恋をしてきた寅さんですが、ぜひ結婚させたかったのは、やっぱり浅丘ルリ子が演じたリリー。リリー以外なら、私を含め多くのファンが思うのは、第32作で竹下景子が演じた朋子ではないでしょうか。だって二人は結婚してもおかしくないくらい、同じ気持ちで愛し合っていたでしょう。完璧に相思相愛。それなのに、どうしてうまくいかないのか。

本作は笑いあり、涙あり、震えるような感動ありで三拍子そろった傑作です。

寅ちゃんみたいな人がいいって、言っちゃったんでしょ。和尚さん、笑ってたろう。俺だって笑っちゃうよ、あははは。

作品の終盤、備中高梁から出てきた朋子と寅さんが柴又駅のホームで別れる直前のセリフです。寅さんみたいな人がいてくれたら、寺の後継者ができるので父親を安心させられる。それ以前に、朋子は寅さんのことを愛していましたよね。寅さんも朋子にぞっこんで、二人でいるときのくすぐったいような楽しげな表情がそれを物語っていました。

寅さんも坊主のまねごとではなく、ちゃんと僧侶になる方法はないのかと、とらや一家に相談します。博からは、僧籍に入るには厳しい修行が必要だと諭されます。タコ社長が「医者になるなら裏口入学っていうのがあるらしいけどな」と入れ知恵すると、

「医者になるよりは少し楽なんじゃねえか。もう相手、死んじゃってんだから」なんて、寅さんはうまいことを言ったりします。

朋子と結婚するなら坊さんになるしかない。でも、それはできない。やはり諦めるしかない。そうこうしているうちに、突然、朋子がとらやにやってきます。備中高梁ではいつも楽しい寅さんだったのに、柴又で向き合う寅さんは朋子を避けるようにしてよそよそしい。それを朋子も察知して、柴又のホームでの別れのシーンになります。

朋子「父がね、突然、お前、今度結婚するんやったら、どげな人がええかいうて聞いたの。それでね、それで……私……」

寅さん「寅ちゃんみたいな人がいいって、言っちゃったんでしょ。和尚さん、笑ってたろう。俺だって笑っちゃうよ、あははは」

これが寅さんと朋子の恋の結末でした。恋愛の終わりを描くさまざまな映画やドラマがある中で、これほど喜劇的で悲しい恋の終わり方を私は他に知りません。

朋子の言い方は、**日本女性の奥ゆかしさそのものです。**

「私、寅さんが好きだから結婚して！」という直接的な言い方ではなく、遠回しな表現で寅さんからの回答を引き出そうとする、明らかなプロポーズです。寅さんは一瞬で朋子の気持ちを察します。朋子を傷つけないように断らなければいけない。そこで寅さんは、**「寅ちゃんみたいな人がいいって、言っちゃったんでしょ」**と、素っ頓狂な声のトーンで答えます。ギャグで応じてすべてを笑いで押し流してしまいました。

もし寅さんが、「朋子さん、あなたとの結婚は私には無理です」「寺での生活は楽しかったけれど、それと結婚とは別なのです」などとマジメに答えたら、朋子はものすごく傷つきます。寅さんにはそれがわかるから、すべてをギャグにしたのです。

「寅ちゃんみたいな人がいいって、言っちゃったんでしょ」と言われた朋子は、驚いたような顔をして、そのまま電車に乗って去っていきます。きっと拍子抜けしただろうけれど、寅さんが冗談にしてくれたおかげで傷つかずにすみました。寅さんは朋子を守ってあげたのです。

しかし、すべてを笑いにすることで一番傷つくのは寅さん本人。自分のプライドも朋子への愛情もすべて押し殺して、朋子が傷つかないようにした。自分が傷つくのは承知の上でこんなことができるのは、寅さんだけです。やはり**寅さんは犠牲愛の人**なのですね。

もう一つの名ゼリフは、写真に夢中で大学にもろくに通わず、父親の和尚と対立している朋子の弟（中井貴一）が、東京で写真家になると宣言して、ついに家出してしまった。そのことを寅さんに相談している場面です。

寅さん「大丈夫、そんな心配するこたあ、ありませんよ。男の子はね、おやじと喧嘩して家を出るくらいでなきゃ一人前とは言えませんよ」

朋子「そういうもの？」

寅さん「そういうものです。この私がいい例ですよ」

子どもが自分の意思で一歩踏み出そうとしたとき、そこに立ちふさがるのは親です。「一体どうやって食っていくんだ」「一人でやっていけるわけがない」「どうせ失敗するのが関の山だ。大学に行って就職しろ」などと言って壁になる。

親としては、生半可な気持ちで夢を追い掛けて自滅してもらいたくないから、あえて厳しいことを言う意味もあります。それを跳ね返して家を出ていく子どもならば親離れできる。言ってみれば**成人の儀式**みたいなものです。それぐらいの覚悟がないと、自分で選んだ道を独力で歩いて行くことはできませんから。

時代が変わり、現代は子どもの意思を尊重する親ばかりです。いい時代になったのでしょう。でも、**寅さんのセリフが、だんだんわからない世の中**になっていく気もしています。

私はこれまで30人ぐらいの弟子を取ってきましたが、弟子入りを許す前に、必ず親に面談します。「落語家なんてダメだ」と子どもに反対する親には、一度も会ったことがありません。「この子にはやりたいことをやらせてあげたい。出世するまでバックアップしますのでよろしくお願いします」。口をそろえてこう言うのです。じつに優しいのです。

昔だったら落語家になりたいなんて親に言ったら勘当ものですよ。「落語家なんかにするためにお前を育ててきたのではない！」ぐらいのことは言われたでしょう。

それでも親に反発して見返してやろうと必死に取り組むのか。親の保護と応援を受けながら落語家を目指すのか。落語家志望の若者にとって、どちらがいい環境なのでしょうか。

寅さんのセリフ**「おやじと喧嘩して家を出るくらいでなきゃ一人前とは言えません」**を聞くたびに、時代の変化を感じずにはいられないのです。

令和の寅さんなら何て言う!?

子どもの夢をつぶそうとする親がいるとしたら、現代では人格否定だ、虐待だと言われかねない。「子どもの自由意志を尊重して応援してあげればいい、子どもをサポートするのが親の責任だ」などと言われたら、「まあ、そうですね」としか言えません。でも、立派な大人になるために親という障害物を飛び越えていけ！　という気概があってもいい。

それが「男はつらいよ」という切ない思いを抱えながら生きていくことなのですから。

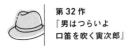

第33作

『男はつらいよ 夜霧にむせぶ寅次郎』

封切日：1984年（昭和59年）8月4日
マドンナ：中原理恵
ゲスト：渡瀬恒彦、佐藤B作、秋野太作
主なロケ地：北海道釧路、岩手県盛岡、北海道根室

志らくの前口上

寅さんの奮闘努力

STORY

舞台は北海道釧路。この街で寅さんは理容師の風子（中原理恵）と出会って意気投合。放浪生活に憧れている風子を道連れに、失踪した妻の行方を追っている陰気な会社員（佐藤B作）の女房捜しを手伝いながら旅に出ます。

旅から戻った風子は再び働き始めますが、今度はサーカスの曲芸バイク乗り・トニー（渡瀬恒彦）に惚れてしまい、旅暮らしに逆戻り。これはいけないと感じた寅さんは、トニーと〝対決〟するのですが……。

中原理恵が演じるマドンナの風子は、カタギではない世界に憧れている女性です。理容師の免許を持っていますが、居場所を定めてじっくりと人の髪の毛をいじっているのは嫌だというツッパリみたいな子。この風子に寅さんが、いままでにない立場、アプローチで接するところが見ものです。「男はつらいよ」がまた新たな展開を見せていくのです。

お説教

真面目で正直な男捕まえて所帯持て。

今回のマドンナ風子は、これまでのマドンナにはなかったクールで現代的な女性です。気が強くて、昔でいうツッパリ的なところがある。寅さんは風子に惚れるというよりも、彼女が間違った方向に行かないようにサポートする立場で活躍します。今回の名ゼリフは、寅さんみたいなフーテンの暮らしに憧れる風子に、寅さんがビシッと説教をする場面です。

寅さん「いい年こいて渡世人稼業やってんのは、俺みてえなバカばっかりだ」

風子「でも、私はまだ若いんだからいろんなこと経験したっていいじゃない」

寅さん「こんなつまんないことを経験してなんになるんだよ。ましておまえは女じゃねえか、

そうだろ。風子ちゃんよ、悪いことは言わねえ、おまえこの町で一生懸命働いてな、真面目で正直な男捕まえて所帯持て」

女の子なのだから、きちんと働いて、正直者と結婚するほうが幸せになれる。いまここで人生を踏み外してはいけない――。そんなまっとうなメッセージをストレートに、まるで常識人のような調子で風子に説いています。その理由の一つは、風子が若い女性だからでしょう。女の子なのだから一人旅の暮らしは危なくていけない。若さゆえ自分のようなフーテン暮らしに憧れているだけだろう。気の迷いでつっぱっているだけなのだから、もとの道に返してやらなくては……。寅さんは、そんなふうに考えていたのではないでしょうか。

これまで寅さんは幾度となく、いろんな人から同様の説教を受けてきています。とらやのおいちゃん、おばちゃん、妹さくら、博、博の父親の飈一郎、帝釈天の御前様などが、寅さんのためを思って、**「そんな旅暮らしはやめて、落ち着いて、まともな職に就いて暮らしたらどうなんだい」**というメッセージを伝えてきました。

お説教をされて大喧嘩になり、家を飛び出したこともありましたが、これまでさんざん言われてきたことを今度は寅さんから風子に伝えているのです。

第32作『口笛を吹く寅次郎』では、壁となって立ちはだかる親を飛び越えてこそ男だ……という寅さんのセリフに注目しましたが、本作では寅さんのほうが風子の壁になっていることにお気付きになりましたか。

寅さんが風子の前に立ちふさがる防波堤になり、お前の憧れているような生き方は諦めるべきだと教えているのです。そしてこんなセリフが続きます。

「そら、長い間には多少退屈なこともあるだろうよ。でもな、5年、10年経って、『ああ、あのとき寅さんの言ってたことはやっぱり本当だったんだな』ってきっと思い当たるときがあるよ」

寅さんも歳を重ねたな、成長したのだなと思うと、感動的なシーンでもあります。

令和の寅さんなら何て言う!?

ちょっとグレた女の子に、「真面目で正直な男捕まえて所帯持て」なんて言ってくれる見ず知らずの他人が、いまの世の中には存在するでしょうか。このセリフだけ言っても、たぶん相手の心は動かないでしょう。テキヤ稼業のみじめさを正直に吐露し、十数年前から妹さくらに何度も説教されてきたのだと告白しつつ、「こんな俺みたいになりたくなければ……」という前提で説教しています。だから相手に響くのでしょうね。

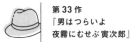

第34作

『男はつらいよ 寅次郎真実一路』

封切日：1984年（昭和59年）12月28日
マドンナ：大原麗子
ゲスト：米倉斉加年、風見章子、津島恵子、辰巳柳太郎
主なロケ地：茨城県牛久沼、鹿児島県鹿児島

志らくの前口上

寅さんの奮闘努力

STORY

今回寅さんは、上野の居酒屋で一流企業の社員・富永健吉（米倉斉加年）と知り合います。寅さんは、酒代のお礼に健吉とまた飲みに出かけて泥酔してしまいます。翌朝、健吉の家で目を覚ますと、目の前に美女がいました。寅さんは健吉の妻・ふじ子（大原麗子）に一目惚れしてしまいます。そんなある日、健吉が突如失踪してしまいます。ふじ子は寅さんの手を借りて、夫の行方を捜索しますが……。

『真実一路』というタイトルは、大正から昭和にかけて活躍した作家・山本有三の小説の題名からいただいています。マドンナの大原麗子は、第22作『噂の寅次郎』以来、久々の出演。今回はサラリーマンの妻という役どころです。寅さんに惚れていたのか、そうでもないのか。微妙なラインをうまく演じているように感じます。少し歳を重ねて、また違った色気が出てきました。

奥さん、俺は汚ねぇ男です。

美しい人妻と同じ宿に泊まることになり、ちょっと色っぽい雰囲気になってきたときに、寅さんがハッと我に返ったような調子で、こんなセリフを言うのです。

「奥さん、俺は汚ねぇ男です」

なぜ急に寅さんは汚いだなんて言ったのか。いつもの寅さんらしくパリッとした格好をしているのに何が汚いのか……なんて思う若い人がいるかもしれません。

これは『**無法松の一生**』という小説、映画のクライマックスで登場するセリフです。何度も映画化されていますが、阪東妻三郎主演、稲垣浩監督『無法松の一生』（１９４３年）や、三船敏郎主演で稲垣浩監督自身がリメイクした1958年の作品が特に有名です。

どのような話かというと……。九州の小倉に「無法松」と呼ばれる人力車の車夫がいました。喧嘩っ早く無鉄砲だけれども人情味は人一倍。ある日、彼は木から落ちてけがをした少年を助けます。少年の父親は立派な軍人だったのですが、急逝してしまいます。父親を失った少年の遊び相手になってやる無法松は、未亡人の奥さんにとっても頼りになる存在に。奥さんへの思慕の念と、それ以上に複雑な思いが交錯して……。

詳細には語りませんが、素晴らしい映画ですので、ぜひご覧になってください。要するに車夫と未亡人との淡い関係を描いた物語です。

山田洋次監督が「男はつらいよ」を誕生させるとき『無法松の一生』をヒントにしたとうかがったことがあります。山田監督はきっと「男はつらいよ」のフォーマットで、『無法松の一生』を再現したかったのではないでしょうか。

阪東妻三郎が演じた無法松はすごかった。三船敏郎が演じた無法松もすごかった。もしも渥美清が無法松を演じたらどんなにすごい映画ができるだろうか。きっとそんなふうに考えてこしらえたのが本作ではないかと想像しています。

「奥さん、俺は汚ねぇ男です」は、人様の女房にほんの少しでも恋慕の気持ちを持ってしまったとしたら、自分で自分が許せない。そのことを「汚ねぇ男」と表現しています。奥さんに対して汚らわしい思いを持ってしまった一瞬さえ、自分では許せない。そういう無法松＝寅さんの清い思いを表しているセリフなのです。

第6作『純情篇』で寅さんは人妻（若尾文子）に恋をしてしまいますが、そのことをさくらにとがめられ、**「頭のほうじゃわかっているけどね、気持ちのほうが……」**と言い訳していました。それから長い時を経て飛び出した**「奥さん、俺は汚ねぇ男です」**からは、寅さんの人間的な成長を見てとれます。恋をしてしまう自分を抑えきれなかった若い寅さんが、これはいけないと考えてスッと引き下がるようになった。これを成長と呼ばずして何と呼ぶでしょうか。

令和の寅さんなら何て言う!?

いまの時代、「あなたを好きになってしまった」という気持ちを表現するために、「俺は汚ねぇ男です」と言ったなら、女性たちはどう思うのでしょうか。もしかしたら、「その言い回し、何なの!? よくわからないけど格好いい！」なんて受け入れられるかもしれません。自分を立派に見せよう、大きく見せようとする人はいくらでもいますが、自分を卑下して小さく見せようとする人は少数派です。そこに新鮮味が出るのではないでしょうか。

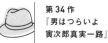

第35作

『男はつらいよ 寅次郎恋愛塾』

封切日：1985年（昭和60年）8月3日
マドンナ：樋口可南子
ゲスト：平田満、初井言榮
主なロケ地：熊本県天草、長崎県上五島、秋田県鹿角

志らくの前口上

寅さんの奮闘努力

STORY

テキヤ仲間のポンシュウ（関敬六）と長崎・上五島にやってきた寅さんは、クリスチャンのおばあさん（初井言榮）と知り合いますが、なんと急逝してしまいます。おばあさんの葬儀に参列した東京で働く孫娘の若菜（樋口可南子）は、寅さんに感謝の手紙を送ります。柴又に帰郷した寅さんが若菜を訪ねると同じアパートに弁護士を目指す民夫（平田満）がいて、こいつが若菜に夢中。試験勉強にちっとも身が入りません。民夫の気持ちを知った寅さんは、ある行動を起こすのですが……。

本作では堂々とタイトルに「恋愛塾」とあるとおり、寅さんは恋愛コーチとして最初から活躍を見込まれています。そうなると、かえって空回りしてしまうのが寅さんのおかしなところ。上五島で始まる出会いが縁になって、東京にもつながっていく物語です。じつに心温まる愉快な喜劇作品に仕上がりました。

言葉のおかしみ

俺の前では、お前はくちばしの黄色いヒヨコも同然だよ。

第32作『口笛を吹く寅次郎』では備中高梁で仏門に入ろうとした寅さんが、本作『寅次郎恋愛塾』では長崎でクリスチャンの若い女性に恋をします。

「恋愛塾」を標榜しているぐらいなので、どれだけ優秀な恋愛コーチなのかと期待するのが大間違いで、かえって寅さんの指導がほとんど役に立っていない面白さがポイント。若者の恋愛を応援しようとすればするほど空回りして、寅さんが恋について語れば語るほど、当の若者にはプラスにならないのです。

寅さんに恋愛を指導してもらうのは、秋田出身の秀才で、司法試験を目指して勉強中の青年・

民夫（平田満）です。彼は、コーポ富士見の2階に住む、美しい女性・江上若菜（樋口可南子）が気になって、勉強がまったく手に付かないのです。

そんな民夫に、寅さんはビシッと立場の違いを鮮明にするセリフを語ります。

「そら、お前は秀才かもしれない。法律のことは、こんなに知っているかもしれない。しかし、こと色恋の道にかけては、俺の前では、お前はくちばしの黄色いヒヨコだよ」

このセリフ、ちょっとおかしいところがあるのに気付きませんか？**「くちばしの黄色いヒヨコだよ」**の部分がたまらなく面白いのですが、普通はこんな言い方をすればすむはずです。

「お前なんかヒヨッ子も同然だよ」

それをわざわざ「くちばしの黄色いヒヨコ」と言うワードチョイスの絶妙なおかしさがわかるようになると、あなたも立派な寅さんマニアでしょう。

くちばしが黄色いのは、ヒヨコなら当たり前のことです。じつに無駄のある、まどろっこしい言い方です。これをスパンと短く格好よく言うなら、「ヒヨッ子も同然だ」ですんでしまう。それをなぜ「くちばしの黄色いヒヨコ」と言うのか。ここで役立つのが俳句の知識です。

俳句の世界では、目で見たままの表現は避けるのがルールです。「月がまん丸」「夏は暑い」「雨が冷たい」など、見ればわかることをいちいち言葉にするのは、五七五と限られた文字数で表現する俳句では、言葉の無駄づかいにあたるので御法度とされるのです。「くちばしの黄色いヒヨコ」は、まさにこれ。俳句の先生なら×を付けるかもしれません。

しかし、例外があります。本当に心からそう感じた場合は、強調表現の手法として「月がまん丸」「夏は暑い」「雨が冷たい」も有効とされます。高度なテクニックにはなるのですが。

寅さんのセリフでは、わざと無駄のある言葉を選んで、フレーズの面白さを強調していると感じます。私が落語家だから、こうしたフレーズの絶妙さに気付くのかもしれません。

「男はつらいよ」には、こうした絶妙に面白く味わい深いセリフの表現が詰め込まれています。時代を超えて現代に伝わる古典落語の味わいにも似た楽しさがあるのです。

令和の寅さんなら何て言う!?

寅さん的な独特の言い回し、言葉のチョイスは、現代の人も積極的に取り入れたいところです。合理主義的な世の中ですから、一部の人しか知らない専門用語や記号みたいな言葉が飛び交っていますが、そんな言葉でわかったつもりになるより、つまり「ヒヨッ子だな」ですむものを「くちばしの黄色いヒヨコも同然だよ」と言い換える、この無駄な表現にこそ、会話する楽しみや、遊び心が隠れていると思うのですが、いかがでしょう?

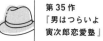

第36作

『男はつらいよ 柴又より愛をこめて』

封切日：1985年（昭和60年）12月28日
マドンナ：栗原小巻
ゲスト：川谷拓三
主なロケ地：福島県会津、東京都式根島、静岡県下田、静岡県浜名湖

まくらの前口上

寅さんの奮闘努力

STORY

タコ社長（太宰久雄）の娘・あけみ（美保純）は、結婚生活に不満をつのらせていましたが、夫婦喧嘩の果てについに家出。タコ社長は、テレビのワイドショーに出演して「戻ってこい」と訴えるほど追い詰められてしまいます。顔の広い寅さんのツテを頼ると、あけみは伊豆・下田にいることが判明。あけみを迎えに行くために寅さんは現地へ向かいます。あけみの気を晴らすため、式根島に渡りますが、そこで美しい小学校教師・真知子（栗原小巻）と出会ってしまい……。

この作品は、木下恵介監督の名作『二十四の瞳』（1954年）を下敷きにした物語です。マドンナ栗原小巻は、第4作『新 男はつらいよ』以来、2度目の登場。あけみのために式根島に渡ったのに、島の真知子先生にすっかり夢中になってしまう寅さん。柴又に戻ってからの恋やつれぶりが、じつに哀れでしたね。

あぁ、いい女だなぁ、この女を俺は大事にしてえ。そう思うだろう。それが愛ってもんじゃないか。

寅さんと真知子先生の恋よりも、本作が楽しいのはタコ社長の娘・あけみと寅さんの関係です。新婚のあけみは結婚生活がいやになり、夫を置いて失踪してしまいます。寅さんが居所を探して、伊豆・下田まで迎えに行く。すぐに戻ってくればいいのに、船に乗って式根島まで二人で旅に出かけてしまいます。

島に着いたあけみは波打ち際で海を眺めながら、

「ねえ、愛って何だろう？」なんて質問を寅さんに投げかけるのです。

「お前もまた面倒なこと聞くねえ……」と呆れながら答えるセリフが、今回の名ゼリフ。

「ほら、いい女がいたとするだろう。男がそれを見て、あぁ、いい女だなぁ、この女を俺は大事にしてえ。そう思うだろう。それが愛ってもんじゃないか」

第16作『葛飾立志篇』でも取り上げた、寅さんによる**「愛の定義」**、その進化版です。今回のポイントは「大事にしたい」の部分です。

誰でもそうだと思いますが、人と人とが好きあって恋に発展するときには、相手を大事に思うのはごく当たり前です。「大事にするよ」「大事にしてね」なんて言い合ったりする。

恋愛の灯が消えてしまうと大事にする気持ちがなくなってしまうのか、関係がうまくいかなくなります。**大事にしたいのは自分だけ**になるから、不倫に走ってしまったりする。

愛が歪んだ形がストーカーです。相手がどんな嫌がろうと追い掛けていく。しまいには傷つけたり命を奪うなんて事件も起きる。これもやはり相手を「大事にする」気持ちがないから。ただの自分本位になってしまった結果、ストーカー行為に走るのです。

愛とは、相手を大事に思うこと。これが寅さんの恋愛哲学です。

恋愛における愛だけではありません。親が子を思う気持ち、子が親を思う気持ちが愛ならば、やはり相手を大事にする気持ちがベースにある。子どもを大事にする親に、子どもは感謝するでしょう。それはやがて親孝行という愛情表現に形を変えます。家族とは、お互いを大事にし合う関係なのです。だから寅さんは、自分の妹・さくら、おいちゃん、おばちゃん、血はつながっていないさくらの夫・博、印刷工場のタコ社長まで、みんなを大事にしているのです。

どうしても大喧嘩にはなるけれど、みんなはいつも寅さんの帰りを待っています。帰ってくると、みんなは寅さんを囲んでとても大事に接します。それに応えようとする寅さんだけど、どうしてもうまくいきません。だけれど、寅さんには家族を思う揺るがない気持ちがあるから、また故郷に戻ってくるのです。

相手を大事にしたいと思う気持ちが、愛なのだ。そう答えた寅さんにあけみは、

「どうして寅さんにお嫁さん来ないんだろう」と言います。まさにそのとおりです。

令和の寅さんなら何て言う!?

ストーカー事件がたびたび報じられる現代は、相手のことを思いやることや、相手を大事にすることを忘れかけている時代なのかもしれません。だから寅さんによる愛の定義、愛とは相手を大事にすること——は、いまの若い人たちの心を打つのではないでしょうか。相手を思う気持ち、相手を大事にしたい気持ちが、自分を大事にする気持ちを上回ること。それが愛ってもんだぜ……。じつに正論ですし、第一格好いいと思いませんか。

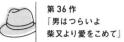

第37作

『男はつらいよ 幸福の青い鳥』

封切日：1986年（昭和61年）12月20日
マドンナ：志穂美悦子
ゲスト：長渕剛、桜井センリ
主なロケ地：山口県萩、山口県下関、福岡県飯塚、神奈川県芦ノ湖

志らくの前口上

寅さんの奮闘努力

STORY

昔なじみだった旅回り一座の座長の死を聞いた寅さんは、線香を上げに筑豊・飯塚を訪ねます。そこで再会したのが、かつての一座の花形・大空小百合こと美保（志穂美悦子）だった。彼女は上京し、ひょんなことから画家志望の青年・健吾（長渕剛）と出会います。

本作は「男はつらいよ」シリーズの中でも珍品中の珍品と位置づけられるかもしれません。「男はつらいよ」の世界に長渕剛が入ってきた意外性です。シンガーだけでなく個性的な俳優としても活躍していた長渕剛。寅さんの世界には合わない長渕剛という存在をどのように溶け込ませるか。それが山田洋次監督の腕の見せどころでしょう。

結果的にはマドンナ役の志穂美悦子と長渕剛が、役の上でなく本当に結婚するという驚きの展開もあり、話題性十分の忘れられない一本になりました。

幸せな男が、だんごとビール一緒に食うかい。

あの長渕剛が「男はつらいよ」の世界に飛び込んできた。この異種格闘技的な試みがどういう効果を発揮するか。そのあたりに注目して観たい作品ですけれど、結果的にはユニークな「男はつらいよ」ができあがりました。いま観てもいいですよ、長渕剛。

歌手や俳優として独自の地位を築いていた**長渕剛が、「男はつらいよ」の世界に無理をして溶け込もうとしていない**。そこがいいですね。自分の世界を完全につくり出して挑んできている。寅さんとの接触は多くないのですが、二人が顔を合わせるシーンには、お互いが下手なことを言えば大喧嘩になってしまうようなピリッとした緊張感があります。

今回の名ゼリフは、そんな寅さんと**長渕剛演じる健吾との〝対決〟シーン**で登場します。健吾が恋人・美保の行方を捜すため柴又を訪れ、偶然とらやに入ってくる。店番をしているのが寅さんです。健吾はキョロキョロと落ち着かない様子で周囲を見回しながら、「だんごとビール」という妙な組み合わせを注文します。

ただならぬ空気を察して、寅さんが話しかけるのですが、すごいのは寅さんの洞察力。健吾のグラスにビールを注ぎながら、こんなことを言うのです。

「人を捜してんのか。もちろん若い娘だな。失恋したか？」

すると健吾は、図星を突かれた顔をして、

「なんでそんなことわかるんですか」と応じる。ここで観客の緊張感は最大値に達します。どのような大喧嘩が始まるのかと身構えていると、

「幸せな男が、だんごとビール一緒に食うかい」

秀逸なセリフです。これで健吾のこわばった気持ちがすーっと溶ける。観客も安堵です。

普通だったら、「不幸せなやつは、やけ食いをするからな」と言えばいいところですが、「幸せな男」を主語にして裏返しているのが、寅さん流の粋な言い方です。

「まあ、それもそうだな」と健吾に思わせることで、二人の〝対決〟の空気は一気にゆるみま

す。喧嘩になるのも仲良くなるのも、言葉のチョイス次第で決まるのです。このあたりが**さすが寅さんは人生の達人。**空気を読み、さっと粋な言い方で返す。言葉を発する前に、相手の気持ちを読みとっているからできる芸当でしょう。

しかし、だんごとビールを一緒に口に放り込んでいる健吾の奇妙な行動は、現代の若者にはどう映るでしょうか。いくらなんでも甘いだんごと苦いビールを一緒には口に入れないでしょうという共通理解のもとに成り立っているシーンではあるのですが、現代のグルメ事情では、スイーツに合うクラフトビールが盛んに紹介されたりしています。これにはさすがの寅さんも驚くのではないでしょうか。

令和の寅さんなら何て言う!?

だんごとビールの組み合わせの面白さは、令和の若者には伝わりにくいかもしれません。さらに、外国人にも伝わらないニュアンスです。「幸せな男が、だんごとビール一緒に食うかい」と欧米人に言ったなら、「Ｗｈｙ？　ドウシテデスカ?」と聞かれてしまうでしょう。どうしてと問われても合理的に答えるのは困難。「梅干しとうなぎは食い合わせが悪い」といった類いの日本文化の共通理解の上に成立しているセリフでもあるのです。

第38作

『男はつらいよ 知床慕情』

封切日：1987年（昭和62年）8月15日
マドンナ：竹下景子
ゲスト：三船敏郎、淡路恵子
主なロケ地：北海道知床、北海道札幌、岐阜県長良

志らくの前口上

寅さんの奮闘努力

STORY

寅さんは初夏の北海道・知床で、無骨だけれど誠実な獣医・上野順吉（三船敏郎）と出会って親しくなり、順吉の家に居候。やもめ暮らしの順吉の面倒を見ているのが、スナックのママ・悦子（淡路恵子）でした。ある日、順吉の一人娘・りん子（竹下景子）が、結婚に失敗して東京から帰ってきます。寅さんとりん子は、スナックの常連たちと楽しい日々を過ごしますが、頑固な順吉とりん子は、みんなと一緒でないとまともにコミュニケーションできず……。

ついに日本が誇る名優・三船敏郎が「男はつらいよ」に登場。さらに、久々の映画出演となったベテラン・淡路恵子も三船敏郎のお相手役で活躍します。マドンナ・りん子は、第32作『口笛を吹く寅次郎』以来、２作目の登場となる竹下景子。父娘を温かく見守る知床の人々と寅さんのやりとりがじつに楽しい作品です。

男が女に惚れるのに、年なんかあるかい。

このセリフは、知床に帰ってきた出戻り娘・りん子と、順吉の家に居候している寅さんとの会話です。男やもめの順吉には、身の回りの世話をしてくれている女性がいます。それがスナックはまなすのママ・悦子です。老獣医の父親を近所の人が親切に面倒を見てくれているぐらいにしか思っていなかったりん子でしたが、**「俺なんかあの二人最初見たときからピーンと来てたぞ」**と、寅さんは二人が惚れ合っていると察していました。

そう聞かされたりん子は、そんなの悪い冗談でしょうと取り合いません。

「だって父さん、もう年よ」とりん子が言うと、この寅さんのセリフです。

「男が女に惚れるのに、年なんかあるかい」

さらに、**「本気も本気、いまおじさんの胸のうちはね、恋の炎でもって、もうジリジリジリジリ焼肉みたいになっちゃってる」**と続けます。

年齢を重ねた父親が恋をしている。娘には想像もつかないことでしょう。ところが寅さんにはピンとくる。さすが恋に生きてきた男は違いますね。

恋に年齢は関係ない。これは寅さんの恋愛遍歴を見れば明白です。第7作『奮闘篇』の少女（榊原るみ）、第26作『寅次郎かもめ歌』のテキヤ仲間の娘（伊藤蘭）といった年下の女性たちから、第6作『純情篇』では作家の人妻（若尾文子）、第18作『寅次郎純情詩集』ではずっと年上のマダム（京マチ子）に恋していました。

寅さんは、パッとひと目見た瞬間に恋をしてしまいます。まずは見かけから入るのですが、女性の心の清さにどんどん惚れ込んでいきますので、年齢が若いとか年増だとか、既婚者だからといった条件は、恋愛の邪魔になりません。**「男が女に惚れるのに、年なんかあるかい」は、そんな寅さんだから言える名ゼリフ**なのです。

作品のクライマックスはスナックはまなすの常連客や順吉が参加したバーベキューです。ママは知床を去り新潟に帰ると言うのですが、順吉が反対します。寅さんは、なぜ反対するのか理由を言えと順吉に迫ります。

「よし、言ってやる」と覚悟を決めた順吉がママの前で、絞り出すセリフが最高でした。

「俺が行っちゃいかんというわけは、俺が、俺が……俺が惚れてるからだ！ 悪いか」

最高に感動的な場面です。これには涙が止まりません。寅さんもきっとうれしかったでしょう。しかし、寅さんがこれまで言いたくても言えなかった愛の告白を成し遂げてしまったのですから、さぞかし順吉がうらやましかったでしょうね。

令和の寅さんなら何て言う!?

「男が女に惚れるのに、年なんかあるかい」というセリフは、男が女に惚れるのに年齢は重要という世間の常識をひっくり返すインパクトがありました。「男女雇用機会均等法」の施行が本作公開の前年。当時はまだ男だからとか、女だからといったジェンダーギャップがあったのですね。いい年をした男が恋をするなんておかしいという見方もあったのでしょう。そのへんの背景を頭に入れておくと、このセリフはより心に響くでしょう。

第39作

『男はつらいよ 寅次郎物語』

封切日：1987年（昭和62年）12月26日
マドンナ：秋吉久美子
ゲスト：五月みどり、河内桃子
主なロケ地：三重県伊勢・志摩（二見浦）、奈良県吉野、和歌山県和歌浦

志らくの前口上

寅さんの奮闘努力

STORY

福島県からはるばる柴又の寅さんを訪ねてきた一人の少年。寅さんのテキヤ仲間と女房ふで（五月みどり）の間にできた息子・秀吉ですが、生みの母親を捜すため施設を抜け出し上京したのです。事情を聞いた寅さんは、秀吉少年を連れ母親捜しの旅へ。旅の途中、奈良県吉野の宿で化粧品販売員・隆子（秋吉久美子）と出会いますが、急病になった秀吉を必死で看病するうちに、いつしか本当の夫婦のような気持ちが芽生えて……。

秋吉久美子の現代的な色気と、五月みどりの大人の色気。二人の女優が今回の「男はつらいよ」に新しい風を吹かせてくれています。木訥とした秀吉少年のかわいらしさ、ユニークな医者役に２代目おいちゃんを演じた松村達雄が登場して、寅さんと軽妙な話芸を繰り広げるのも見どころの一つです。ファンにはたまらない心温まる名作です。

そんなお粗末な男に、お前なりてえか？

まるで子どものころの寅さんを見ているような秀吉少年が現れて、寅さんも他人とは思えなかったのではないでしょうか。『母をたずねて三千里』のような**〝瞼の母〟捜しの旅に寅さんが出発するロードムービーの趣向**です。

奈良県の吉野でたまたま出会った女性が、化粧品販売員の隆子（秋吉久美子）さん。第30作『花も嵐も寅次郎』の田中裕子に続いて、なんとも色っぽくて洗練された現代女性が登場します。当時は「男はつらいよ」の世界にはミスマッチなキャスティングにも思えましたが、いま観ると、かえって映画のリアリティを増しています。

さらには、寅さんと隆子が疑似夫婦の関係に。秀吉が高熱を出すトラブルが原因なのですが、お互いの距離がグッと縮まって、**「母さん」「父さん」**なんて呼び合ったりする。この掛け合いが頭の中でぐるぐる反芻されて、じつに心地よくなってくるのです。

最初はすごく違和感のあるマドンナだと思っていたのに、いつのまにか寅さんと隆子が本当の夫婦のように思えてくる。これが映画の世界に入り込む楽しさですね。

さて、楽しいロードムービーもいよいよ終盤へ。寅さんのおかげで秀吉少年は生みの親・ふで（五月みどり）と、めでたく再会を果たします。そして秀吉は寅さんと別れなければなりません。しかし、もう秀吉は寅さんにすっかり懐いてしまっています。

古典落語にも「子別れ」という有名な噺がありますけれど、懐いた子との別れほど、つらいものはありません。あるいは、ディズニーとピクサーが作ったアニメ映画『モンスターズ・インク』（２００１年）を想起させる状況です。モンスターが仲良くなった人間の少女と別れる。観客は大泣きです。

そんな悲しい場面で、寅さんが秀吉に何と言って聞かせたか。

「秀、いいか、よーく聞くんだぞ、おじさんはな、おまえのあのろくでなしのオヤジの仲間なんだ。いい年をして、おっかさんの世話もみねえ、子どもの面倒も見ねえ、そんなお粗末

な男に、お前なりてえか？　なりたくねえだろう、秀」

ずっと寅さんと一緒にいたい。一緒に連れてってほしい。母親とも会いたかったのだけれど、寅さんと別れるのはもっと悲しい……。そう思っている秀吉を説得するために、わざと突き放すことを言わなければなりません。

ここで注目したいのは、やっぱり「粗末な」という言葉の選び方です。

「そんなお粗末な男に、お前なりてえか？」

秀吉は、「えっ、ソマツ？」とキョトンとしてしまったかもしれません。でもここで寅さんが「俺みたいなロクデナシ」「おじさんみたいな悪人、悪党」「ダメな男」などと言ったなら、秀吉は到底納得しなかったでしょう。

「イヤだイヤだ、おじさんは悪い人じゃないよ！」と言って泣きわめき、別れがかえってつらいものになってしまう。

そこで寅さんが選んだのが、**「お粗末な男」**というフレーズです。

「お粗末な男になりたくねえだろう」と言われたら、子どもは意味がよくわからなくても、なんとなく「コクッ」とうなずいて納得してしまう。じつに絶妙なセリフなのです。

われわれ大人も、はっきりと意味が説明できなくても、「粗末」という言葉を便利に使っていますよ。お中元やお歳暮、手土産を手渡すときに「粗末なものですが」なんて言って手渡します。「つまらないものですが」と同じで、文字どおりの意味ではなく謙遜の表現です。

私の知り合いが、「くだらないものですが……」と品物を差し出したときには、「くだらないものならいらないよ！」と言いましたけれどね。

芸人が出番の持ち時間を終えて、「どうもおそまつさまでした〜」と舞台を降りることもありますね。たいして面白い芸ではありませんでしたが……と謙遜して下がるのです。なんとも**日本人らしく奥ゆかしい表現**です。本当の意味を伝えたほうが合理的だという考え方が現代的なのかもしれませんが、**本当はこういう日本語表現をずっと残していきたい**ものです。

直接的な表現は、相手を傷つけるかもしれない。直接的な表現であるがゆえに、相手の反発を招くかもしれない。それを微妙な言葉の表現で包み込んで、相手に解釈を託す。言葉の使い方としては上級編です。今回の寅さんは秀吉少年の別れのシチュエーションで、そんな絶妙な表現を披露したわけです。じつに見事な名ゼリフでした。

本作には他にも名ゼリフが多いのですが、もう一つだけ挙げるならば、満男と寅さんとの会話です。旅に出る寅さんを見送るため柴又駅にいた満男が、ふいに**「人間は何のために生きて**

んのかな?」と寅さんに質問します。**「お前、難しいこと聞くなぁ」**とぼやきながら、次のように答えます。

「ああ、生まれてきてよかったな、って思うことが何べんかあるじゃない。ね、そのために人間生きてんじゃねえのか。そのうちお前にもそういうときが来るよ、な? まぁ、がんばれ」

人生はつらく悲しい。若いときは死んじゃいたくなるかもしれない。でも、長く生きていると、幸せを実感できる瞬間がある。それがわかるには人生経験が必要だ。そのときを迎えるために人間は生きていくんだよと満男に教えているのです。

人生の達人、哲学者・寅次郎。生きる意味まで、見事に言葉にしてみせました。

令和の寅さんなら何て言う!?

人はなぜ生きるのか。普遍的な命題ですから、寅さんの「名回答」が古びることはないでしょう。いま本作の満男と同じ十代半ばぐらいの世代も、「人はなぜ生きるのか」の答えを求めているはずです。ぜひ『寅次郎物語』を観て、寅さんの名ゼリフを味わってほしいです。十代の子を持つ親世代が、寅さんの金言を噛みしめておくのもいいでしょうね。「そのうちわかるときがくるよ」。いつもそんな心の余裕を持っていたいものです。

第40作

『男はつらいよ　寅次郎サラダ記念日』

封切日：1988年（昭和63年）12月24日
マドンナ：三田佳子
ゲスト：三田寛子、尾美としのり、鈴木光枝
主なロケ地：長野県小諸、長崎県島原

志らくの前口上

寅さんの奮闘努力

STORY

寅さんは信州・小諸駅前のロータリーでおばあさん（鈴木光枝）と知り合います。請われるままおばあさんの家に泊めてもらった翌朝、小諸病院の医師・真知子（三田佳子）がやってきます。寅さんの説得で重病のおばあさんはすんなり入院、そのお礼に真知子は寅さんを家に招待します。柴又に帰った寅さんは、満男（吉岡秀隆）の大学受験の下見目的で、真知子の姪・由紀（三田寛子）を訪ねて早稲田大学へ。真知子も上京してきて楽しい日々を過ごしますが……。

早大生の由紀が短歌に夢中という設定で、随所に当時大ブームを巻き起こしていた「サラダ記念日」など俵万智の短歌がふんだんに引用される文学の香りもする作品です。これまでの作品にはまったくない手法で、現代的な短歌がストーリーのアクセントとして画面に登場するので、当時は驚きました。

勉強したやつは自分の頭でキチンと筋道を立てて、はて、こういうときはどうしたらいいかなと考えることができるんだ。だからみんな大学行くんじゃないか。

早いもので寅さんの甥っ子・満男が大学受験を控えています。あまり勉強は得意ではないのか、寅さんに**「大学へ行くのは何のためかな?」**と質問します。**「決まっているでしょう。これは勉強するためです」**とまっとうな回答をする寅さんに、さらに満男は、**「じゃあ何のために勉強するのかな?」**と質問します。

なぜ勉強するのか。なぜ進学しなければいけないのか。誰もが若いころ一度はぶち当たる問題です。その回答が今回の名ゼリフです。

「つまりあれだよ、ほら、人間長い間生きてりゃいろんなことにぶつかるだろう。な、そんな

ときに俺みてえに勉強してないやつは、この振ったサイコロで出た目で決めるとか、そのときの気分で決めるよりしょうがない、な。ところが、勉強したやつは自分の頭でキチンと筋道を立てて、はて、こういうときはどうしたらいいかなと考えることができるんだ。だからみんな大学行くんじゃないか。そうだろう」

これは見事な回答です。勉強していないとサイコロの目で決めることになり、**人生がギャンブル**になってしまう。勉強をして頭脳を働かせることができれば、自分で論理的に考えて答えを出し行動ができる。だから勉強をして大学に行くのではないか――。

受験を控えた子どもだけではなく、すべての悩める子どもたちに教えてあげたい完璧な答えです。大学教授にもこんなシンプルな回答は無理でしょう。寅さんほどの人生経験を積んだ人であれば、たいていの質問にはきちんとした回答を示すことができるのです。

しかし多くの人は、勉強する意味など深く考えることなく大人になっています。高校や大学に進学するにあたって、試験で良い点を取らないと合格ができないから仕方がなく勉強した。受験勉強を頑張ったのも行きたい大学が漠然とあって、そこに入るために受験勉強した。今度は、大学に入ってなぜ授業に出ているかというと、単位を取りたいから。単位を落とすと卒業できなくなってしまうから。そんなものではありませんか。

そういう普通の人が、子どもからなぜ勉強しなければならないの？　と聞かれても、

「ちゃんと勉強して大学に行かないと、いい会社に就職できないからだ」

「勉強しないとろくな大人にならないからだ」

「そんなこと考えている暇があったら勉強しなさい」なんて言ってしまうでしょう。これでは質問にきちんと答えたことにはなりません。いわゆる**「論点ずらし」**です。

「人はなぜ勉強しなければならないのか」。そんな**人間の成長には欠かすことのできない本質的な疑問**に、きちんと答えを示した寅さんの名回答。声に出して読み、ソラで言えるよう暗記しておきたいほどの名ゼリフでした。

令和の寅さんなら何て言う!?

「音楽の道に進むから、数学なんて不要」という子がいるとしたら、「自分が作った曲のどれでヒットを狙って勝負するか、サイコロの目で決めるの？」と言えば、数学を学ぶ意義がわかるでしょう。音楽理論と数学は密接な関係があるといいますし、売れるためのマーケティング戦略には数学的なセンスが不可欠。どんな道に進むにしても勝負を決めるのはどれだけ自分の頭脳で考え抜けるか。無駄な勉強などないのです。

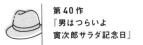

第41作

『男はつらいよ 寅次郎心の旅路』

封切日：1989年（平成元年）8月5日
マドンナ：竹下景子
ゲスト：淡路恵子、柄本明
主なロケ地：宮城県松島、ウィーン（オーストリア）、宮城県栗原市

志らくの前口上

寅さんの奮闘努力

STORY

寅さんが東北のローカル線に乗って旅していると、疲れ切ったサラリーマン・坂口兵馬（柄本明）が線路に寝転んで自殺未遂。その夜、旅館で兵馬の胸の内を聞き励ましているうちに、兵馬にすっかり慕われてしまい、「湯布院」旅行に誘われます。軽く請け合っていたら、湯布院と「ウィーン」を聞き間違えていたのでした。それでも兵馬から誘われるまま、寅さんはオーストリアのウィーンへ旅立つことに。異国で道に迷った寅さんは、現地の観光ガイドの久美子（竹下景子）に出会い、一目惚れしてしまいます。

ついに寅さんが初めて海外に出て行ってロケを敢行したことが話題になりました。マドンナにはこれが３作目の起用となる竹下景子。モーツァルトさえ知らない寅さんが、ヨーロッパであろうとどこまでも自分流を貫く姿が笑いを誘うと同時に、痛快でもあります。

国際感覚

どこの川の流れも同じだなぁ。流れ流れて、どこかの海に注ぐんだろう？

第4作『新 男はつらいよ』の名ゼリフを覚えていますか。

「雪駄っつうものはね、日本古来の履物だ。あっしはこれを履いてね、パリだってロンドンだってあたしゃ平気で行きますよ」

どこに行っても、誰が相手でも、つねに自分流を貫き通す寅さんは、外国に行ったたって日本の伝統的な履物、雪駄履きで出かけていくのだと言いました。このときのハワイ旅行は幻と消えましたが、本作『寅次郎心の旅路』では、ついに寅さんが〝芸術の都〟ウィーンへと飛び立ちます。長くシリーズを観てきたファンにとっては痛快な出来事です。

美しいマドンナ・久美子と散策を楽しんでいた寅さんは、通りかかった神父様に「ああ、御前様」と言い、ドナウ川の流れを故郷葛飾の江戸川に重ね合わせて感慨にふけります。

「どこの川の流れも同じだなぁ。流れ流れて、どこかの海に注ぐんだろう?」

ドナウ川は黒海に注ぎ込みますが、その海をずっと行くと、故郷の江戸川につながっている。日本の川だろうと、ヨーロッパの川だろうと、川はみんな同じ海に注ぎ込んでいる。

これは**寅さんの人間学**です。つまり、人間はどこに行ってもみな同じ。肌の色や目の色は違うかもしれない。話す言葉は違うかもしれない。でも、心はみんな人間なのです。

ウィーン滞在の最後、寅さんは久美子と帰国するため国際空港にいると、久美子を追って恋人の現地人青年のヘルマンが現れます。抱擁し合う久美子とヘルマン。寅さんは一瞬で失恋してしまいます。そしてヘルマンに久美子を託すのです。

「おい、コラ、外人の青年。久美ちゃんのことを必ず幸せにしろよ、もし泣かせるようなことをしやがったら、この俺がタダじゃおかねえぞ」

日本語がわからないはずのヘルマンが、寅さんの言うことに耳を傾け、「Ｊａ（ドイツ語で『ハイ』）」と約束するように返事をします。話が通じているのですね。

言葉は違うけれど、同じ人間同士。川の流れが大海に注ぎ込むように、俺もお前も一緒なのだ。しかも、同じ女性を愛した者同士じゃないか。だからわかるだろう。久美ちゃんを頼んだぜ、あばよ……というわけです。

寅さんの世代は欧米へのコンプレックスが強い世代です。外国人を見ると卑屈になり、ぺこぺこしてしまったりする。つらい戦争や敗戦国となった経験も影響していたでしょう。それがどうですか、ウィーンにおける寅さんの堂々たる態度は！　外国だろうと自分流を貫き通し、どこでも雪駄履き。外国の川も江戸川も行き着く先は同じ海。同じ人間なのだから気持ちは通じるだろう。これほどコンプレックスのかけらもない、**誇り高き立派な日本人**がいるでしょうか。私はそのことに感動すら覚えるのです。

令和の寅さんなら何て言う!?

この作品が作られた当時は、まだ日本人には外国人へのコンプレックスがあり、とくに欧米諸国への卑屈な感情がありました。でもいまはインターネットで世界がつながり、ＳＮＳで世界中の友だちと自由にメッセージのやり取りができます。もはや昔のようなコンプレックスは薄らいでいます。「どこの川の流れも同じだなぁ」という思いは、いまの若い人にとってはごく当たり前の感覚になりつつあるのではないでしょうか。

第42作

『男はつらいよ ぼくの伯父さん』

封切日：1989年（平成元年）12月27日
マドンナ：後藤久美子、檀ふみ
ゲスト：夏木マリ、尾藤イサオ
主なロケ地：茨城県袋田、佐賀県佐賀（吉野ケ里遺跡）

志らくの前口上

寅さんの奮闘努力

STORY

満男（吉岡秀隆）は浪人生になり、予備校通いの日々。勉強に身が入らず、さくらや博を心配させています。それもそのはず、恋心をつのらせている高校の後輩・及川泉（後藤久美子）が、両親の離婚のため佐賀県へ転校。満男は泉にひと目会いたくて、バイクを飛ばします。途中、偶然にも寅さんに再会、泉の叔母・寿子（檀ふみ）に迎えられますが、泉の叔父（尾藤イサオ）は厳格な教育者で……。

第27作『浪花の恋の寅次郎』から吉岡秀隆が演じてきた満男のロマンスを主軸に展開する〝満男シリーズ〟の第1弾です。国民的美少女〝ゴクミ〟こと後藤久美子が演じる泉との恋の行方が見どころになっていきます。

寅さんは脇に回って、満男の恋を後押しする役割に。泉ちゃんに夢中で、無様な姿をさらす満男には、どこか若き日の寅さんが重なって見えます。

私のような出来損いが、こんなことを言うと笑われるかもしれませんが、私は甥の満男は間違ったことをしていないと思います。

恋に生きてきた寅さんも、さすがに歳を重ねたと思うのは、本作に登場するマドンナ、後藤久美子演じる泉には絶対に惚れないこと。第38作『知床慕情』で、老獣医の恋心について**「男が女に惚れるのに、年なんかあるかい」**と言い切った寅さんでしたが、浪人生の甥っ子・満男と後輩の高校生・泉の恋を見守るポジションに収まります。しかし、ただ見ているだけではありません。要所で前に出てきて、恋と人生の達人らしい態度や言葉で満男を応援します。

転校した泉を追い掛け、満男は東京から名古屋へ、さらに佐賀県へとバイクを走らせます。泉との再会を果たすものの、泉の保護者である叔父からさんざん嫌味を言われ、柴又に帰ってしまいます。尾藤イサオ演じる泉の叔父は、「男はつらいよ」史上まれに見るイヤな男です。満男が去った後、寅さんがこの家に姿を現します。そこでまた泉の叔父が嫌味を言います。すると寅さんは、スッと背筋を伸ばして立ち上がり、「先生」といって呼び止めます。ここからが本作の名ゼリフです。

「私のような出来損いが、こんなことを言うと笑われるかもしれませんが、私は甥の満男は間違ったことをしていないと思います」

さらに続けて、こう言います。

「慣れない土地へ来て、寂しい思いをしているお嬢さんをなぐさめようと、両親にも内緒ではるばるオートバイでやってきた満男を、私はむしろ『よくやった』とほめてやりたいと思います」

嫌味な泉の叔父は、寅さんが「甥っ子がご迷惑をおかけして、このたびは本当に申し訳ありませんでした」と謝罪すると思ったでしょうね。それが世間の常識というものだからです。相手に不快な思いをさせたなら、波風立てず、とりあえず謝罪しておこう。それが大人の判断です。

ところが寅さんは、謝罪のセリフは口にせず、立ち上がって泉の叔父の目を真っ直ぐに見て、甥っ子の名誉を守るために正論を言ってのけるのでした。これにはしびれます。

「男はつらいよ」シリーズで、**寅さんがもっとも成長した姿を見せつけるシーン**ですよね。

泉の叔父は教師です。寅さんはインテリが大嫌いでした。昔の寅さんなら、「てめえ、さしずめインテリだな。この野郎、甥っ子・満男の気持ちがてめえにはわからねえのか！」なんて啖呵を切って取っ組み合いの大喧嘩になったでしょう。

それがきちんとした言葉遣いで静かに、テキヤの雰囲気を少しも出さずに申し述べている。しかも、**「私のような出来損いが」**と自分を落として、相手のほうが上の立場との認識を示しながら、一歩も引くことなく主張をしています。これには本当に感動しました。この場にはいなかった満男に見せたかった。それほどの名場面です。

令和の寅さんなら何て言う!?

寅さんが教師に向かって正論を述べた物静かな抵抗に驚いたものです。「そういう考え方があるのだな」と気付かされて感動します。令和の時代の親、保護者であれば、どうでしょうか。寅さんの発言は、普通に支持されそうです。ごりごりに凝り固まった権威主義的な考え方が薄まっているからなのかもしれません。そういえば泉の叔父さんは、寅さんの言葉を受けムッとして、「思想の違いですな」と言って立ち去っていました。

第43作

『男はつらいよ 寅次郎の休日』

封切日：1990年（平成2年）12月22日
マドンナ：後藤久美子、夏木マリ
ゲスト：寺尾聰、宮崎美子
主なロケ地：大分県日田

志らくの前口上

寅さんの奮闘努力

STORY

満男は晴れて大学に進学。ある日、名古屋で母・礼子（夏木マリ）と暮らしていた泉（後藤久美子）は、母親と復縁してもらおうと父親・一男（寺尾聰）を訪ねて上京します。しかし、一男はすでに会社を辞めて愛人（宮崎美子）とともに大分県日田市で暮らしていました。父を説得するため九州に出発する泉を東京駅で見送る満男でしたが、思わず新幹線に飛び乗ってしまいます。若い二人を追い掛けて、寅さんと泉の母・礼子も寝台車で九州へ。満男と泉、寅さんと礼子、２組のカップルが大分県で合流し、温泉宿で親子のように楽しいひとときを過ごしますが……。

〝満男シリーズ〟第２弾、満男と泉の駆け落ち騒動や、寅さんとやけに色っぽい礼子との恋模様を盛り込みながら、現代の家族にとって「幸福とは何か」について丁寧に描いています。

困ったことがあったらな、風に向かって俺の名前を呼べ。

本作の終盤、柴又駅で寅さんを見送る満男に語りかけるセリフです。

「困ったことがあったらな、風に向かって俺の名前を呼べ。伯父さん、どっからでも飛んで来てやるから」

そう言って満男がうなずくと、ホームの電車のドアが閉まり、寅さんはすーっと去っていくのです。声は聞こえないけれども車内で満男に何か言っている寅さんの表情が、なんだか切ないシーンです。寅さんはきっと、

「俺は日本のどこかにいて、いつもお前のことを思っているよ。名前を呼べばその声は風に乗っ

て耳に届くはずだから」と言いたかったのでしょう。

「伯父さん、どっからでも飛んで来てやるから」とは言いますが、寅さんの居場所は家族にもわかりません。実際にはすぐには会えないこともわかっています。もう一つの意味は、こんなことではないでしょうか。

「もし自分ではどうしようもできない困ったことになったら、俺の名前を口に出して呼んでごらん。これまでお前に教えてきたことが頭によぎるだろうから、きっと解決策の一つになるよ」と。まるで心の中で唱える魔法の呪文のようですね。

シリーズの回数を重ねるにつれて、**寅さんは甥っ子・満男のヒーロー**になっていったのです。満男と同世代の観客にとっては、寅さん映画はヒーロー映画だったのかもしれません。

第50作『お帰り 寅さん』（2019年）では、会社員から小説家に転身した満男が登場します。妻と死別し、中学生の娘と二人暮らし。人生の壁にぶち当たり悩みを抱えますが、思い出すのは寅さんのこと。

「困ったことがあったらな、風に向かって俺の名前を呼べ」という今回の名ゼリフは、満男の中でずっとリフレインしていたことがわかって感動いたしました。

第43作『寅次郎の休日』には、恋に関する名ゼリフがいくつも登場します。

「若いときっていうのはな、胸の中に炎が燃えている。そこへ恋という一文字を放り込むんだ。パーッと燃え上がるぞぉ。水なんかかけたって消えやしない」

「金なんかなくたっていいじゃないか、美しい愛さえあれば！」

「腹なんか空かない。絶対に空かない。美しい恋をしていれば1カ月くらい飯なんか食わなくたって、平気だ！」

「恋わずらい」という言葉があって、恋をしてしまったために食事も喉を通らなくなる。寅さんはこれをひっくり返して、美しい恋をしていれば飯なんか食べなくても生きていけると言い切ります。夢を食べるバクではないのですから……。

令和の寅さんなら何て言う!?

「恋わずらい」の感覚は、現代では伝わりにくいかもしれませんね。「お医者様でも草津の湯でも……」というフレーズだって、どれくらいわかるでしょうか。医者に見せても、温泉につかっても治すことができないのが恋わずらいです。しかし、そうして古くからの言葉のニュアンスがわからなくても、「それぐらい夢中になって恋をするものなのだよ」という寅さんの真摯な思いだけは、ひしひしと伝わってくるのではないでしょうか。

第44作

『男はつらいよ 寅次郎の告白』

封切日：1991年（平成3年）12月21日
マドンナ：後藤久美子、吉田日出子
ゲスト：夏木マリ
主なロケ地：岐阜県蛭川、鳥取県鳥取

まくらの前口上

寅さんの奮闘努力

STORY

満男が恋い焦がれている泉が、東京で就職先を探すことに。またすぐ会えると満男は浮き足立ちますが、泉の就職は、両親の離婚や母親が水商売であることなど理不尽な理由でうまくいきません。さらに母・礼子（夏木マリ）の再婚話が持ち上がり、悩んだ泉は名古屋の家を飛び出してしまいます。満男は泉から届いた絵はがきを頼りに鳥取へ急行。すでに寅さんと再会していた泉と、鳥取砂丘で合流します。そして三人は、寅さんの昔馴染みという料亭の女将・聖子（吉田日出子）を訪ねるのですが……。

〝満男シリーズ〟第３弾。満男は泉が直面している就職問題、家庭問題に対しては無力でどうすることもできず悶々と苦しみます。さくらと博の心配も、もはや寅さんではなく満男にシフト。寅さんはそんな満男の恋の行方を温かく見守り応援するのでした。

寂しさなんてのはなぁ、歩いてるうちに風が吹き飛ばしてくれらぁ。

本作では、かつてワケありだった艶っぽい女将・聖子（吉田日出子）と寅さんの微妙な関係が描かれます。「男はつらいよ」では**マドンナとの恋愛はつねにプラトニック**、寅さんが他の誰かと〝男女の関係〟にあった事実は描かれてきませんでした。

ところが本作では、寅さんと聖子がもしかしたら一夜をともにしたのでは……と、それとなく匂わせるのですね。朝になってバス停まで見送りに来た聖子が、寅さんの手の甲をギュッとつねる仕草にご注目ください。

寅さんと聖子、満男と泉の恋の顚末が描かれたあと、寅さんは鳥取駅で満男と泉を見送ります。寅さんは再び一人ぼっちに。満男が「伯父さんは寂しくなることないの?」と聞くと、寅さんのセリフが飛び出します。

「俺は男だい。寂しさなんてのはなぁ、歩いてるうちに風が吹き飛ばしてくれらぁ」

男のやせ我慢ではあるのですが、ひさびさに粋がって格好いい寅さんのセリフが聞けたような気がしました。旅をしていれば寂しさなんか風が吹き飛ばしてくれる。これは現代にも通じる「生きる知恵」のように思えます。

リモートワークが急速に普及して、日本全国どこにいても仕事ができる環境ができあがりつつあります。住まいのサブスクも流行っていて、一定の金額を支払えば全国の好きな場所を転々として暮らしていけるのだそうです。まるで風来坊です。

旅に出たりして環境が変わると、いままでの悩みが嘘のように消し飛んでしまうことがあります。人が悲しいことや寂しい感情からなかなか逃れられないのは、一つの場所にとどまって同じ景色を見て生活しているからなのかもしれません。悲しさや寂しさのようなホコリみたいなものは、一つ所に留まらず動き続けている人には寄りつかないのです。それが寅さんの言っている「歩いてるうちに風が吹き飛ばしてくれる」の意味ではないでしょうか。

「恋というものはな、長続きさせるためには、ほどほどに愛するということを覚えなきゃいけない。ところが若すぎる満男に、それはできない」

こちらは寅さん自身の恋愛経験でしょう。若いころの寅さんは、**「頭のほうじゃわかっているけどね、気持ちのほうが、そうついてきちゃくれねえんだよ」**（第6作『純情篇』）と言っていました。人妻に恋してはいけないとわかっているのに気持ちを抑えることができなかった。

しかし、年月が経ち、寅さんはもういい年齢になりました。いつの間にか**「ほどほどに愛する」**ことができるようになったのです。でも、それでは面白くないので、燃えるような恋は満男に任せた。「男はつらいよ」が〝満男シリーズ〟に移行した宣言だったのかもしれません。

令和の寅さんなら何て言う!?

「歩いてるうちに風が吹き飛ばしてくれらぁ」。今回の名ゼリフは、令和の現代にとてもフィットするセリフです。最近は「お一人様」といって、焼肉などのグルメや旅行、カラオケ、ソロキャンプなど、一人で行動して一人で楽しむことが当たり前の時代になりました。未婚だからといって、昔ほど窮屈な思いをすることもないでしょう。それらを含めて、現代社会は誰もがみんな〝寅さん化〟しているのかもしれません。

第45作

『男はつらいよ 寅次郎の青春』

封切日：1992年（平成4年）12月26日
マドンナ：後藤久美子、風吹ジュン
ゲスト：永瀬正敏、夏木マリ
主なロケ地：岐阜県下呂温泉、宮崎県日南

まくらの口上《志らくの前口上》

寅さんの奮闘努力

STORY

宮崎県油津の理髪店で女主人・蝶子（風吹ジュン）に顔を当たってもらっていた寅さんは、雨宿りのついでに彼女の家に居候。いつの間にか長逗留することになります。東京で就職した泉（後藤久美子）が同級生の結婚式に出席するため宮崎へ。そこでばったり寅さんと再会するのですが、声を掛けた瞬間に寅さんが足をくじいてしまいます。伯父の負傷を知らされた満男は、泉に会いたいがために宮崎へ急行します。泉と一緒に空港へ迎えに来たのが、蝶子の弟・竜介（永瀬正敏）だったので満男は嫉妬して……。

理髪店のドアのベルを鳴らした男性と結婚しようと願っている蝶子と、寅さんとの出会い、大人のロマンスが描かれます。山田洋次監督『息子』（1991年）に主演して大評判だった永瀬正敏が、漁師の青年役で登場。満男と泉の恋は4年目に入り、新たな展開を迎えそうな予感に満ちています。

愛してるんだったら態度で示せよ。

第42作『ぼくの伯父さん』では、ぼく＝満男が前面に出てきて〝満男シリーズ〟がスタート。第43作『寅次郎の休日』となると、寅さんの恋は開店休業？　と少々心配になりました。第44作『寅次郎の告白』では、料亭の女将との男女の関係が告白されたようなされなかったような気持ちに。そして続く本作、第45作『寅次郎の青春』では、**恋する寅さんの青春再び！**との期待を抱かせるタイトルです。

理髪店の店主と恋をして……という物語のフレームは、１９９０年のフランス映画、パトリス・ルコント監督『髪結いの亭主』からです。理髪師の女性と結婚する、子どものころからの夢をついにかなえた中年男の結婚生活を官能的に描いたヒット映画でした。

今回のマドンナは、寅さんより若いけれどもお似合いのカップルになれそうな大人の女性、蝶子（風吹ジュン）です。**寅さんの恋物語をもう一度真正面から描いてみたい。**そんな山田洋次監督の意欲を感じる作品です。

満男と泉の恋のコーチ役はそのまま継続なのですが、たいした進展がないようです。そこで寅さんは満男に、**「立ち入ったことを聞くようだけども接吻はしたのか？」**と聞きます。まだしていないと満男。泉の手も握っていない、愛しているなんてはっきり言えない……。そこで今回の名ゼリフです。

「思ってるだけで何もしないんじゃな、愛してないのと同じなんだよ。お前の気持ちを相手に通じさせなきゃ、愛してるんだったら態度で示せよ」

満男に直球のセリフを投げ込みます。自分でも「愛している」とは言ったことがない寅さんなので偉そうなことは言えないはずですが、態度や行動では恋心を示してきているのです。相手のためを思って懸命になって動き回っている。寅さんの気持ちに気がつくマドンナもいれば、ちっとも気付かないマドンナもいるわけですが……。

本作では満男が寅さんについて鋭い批評眼を持ち合わせていることがわかります。

寅さんは蝶子の女心を傷つけ怒らせてしまいます。気持ちを察した泉は、寅さんが宮崎に残るべきよと主張しますが、満男は「伯父さんは帰るべきだ」と反論し、その理由を述べます。

「そりゃ、最初はいいよ。伯父さんは人を笑わせるのがうまいし、楽しい人だから、あのおばさんも幸せかもしんない。けど、伯父さんは楽しいだけで奥行きがないから、一年もすれば結局飽きてしまう」

伯父・寅さんのことをつまらない人間だから、薄っぺらな人間だから……ではカドが立ちます。**「奥行きがない」**と表現するセンスが見事。さすが、のちに小説家として大成する満男です。呆然として、**「それは正しいかもしれない……」**と答える寅さんも傑作でした。

令和の寅さんなら何て言う!?

私もSNSを利用していますが、ものにカドが立つ言い争いをときどき見かけることがあります。また、そうやって相手の怒りを引き出して、屁理屈をこねてやり込めるのが流行ってもいるようです。「論破」といってもてはやしていますが、私に言わせりゃ、論破なんて子どもの屁理屈と一緒。満男のように「奥行きがない」なんていうカドの立たないものの言い方は、SNSで自由に発言できる時代だからこそ、もっと取り入れたいですね。

第46作

『男はつらいよ 寅次郎の縁談』

封切日：1993年（平成5年）12月25日
マドンナ：松坂慶子
ゲスト：島田正吾、城山美佳子、光本幸子
主なロケ地：香川県高松、香川県琴平、香川県志々島、香川県高見島

志らくの前口上

寅さんの奮闘努力

STORY

就職活動に苦戦している満男は悶々とした日々。ある夜、父親の博と大喧嘩して、衝動的に家を飛び出してしまいます。そんなとき寅さんが1年ぶりに帰郷。さくらが満男のことを相談すると、寅さんはふたつ返事で満男の捜索を請け負います。小包の住所を手がかりに、瀬戸内海に浮かぶ琴島を訪ねた寅さんでしたが､美しい葉子（松坂慶子）と出会い、島に残ることに。一方、満男は看護師のあや（城山美佳子）と恋人のように仲睦まじく過ごしていましたが……。

マドンナの葉子を演じる松坂慶子は、第27作『浪花の恋の寅次郎』以来2度目の出演です。個性的な島の住人役で笹野高史、桜井センリ、松金よね子といった俳優が登場。さらに新国劇の大スター・島田正吾が葉子の父親役を演じます。さらに『釣りバカ日誌』のハマちゃん（西田敏行）もカメオ出演。にぎやかで楽しい作品です。

自己卑下

これが一生、就職しなかった人間の成れの果てだ。お前もこうなりたいか。

バブル経済が1991年に崩壊して、本作が公開された1993年ごろは「就職氷河期」といわれた時代でした。エリート大学の学生ではない満男は就職難に苦しみます。入社試験を受けても落とされてばかり。自分を否定された気持ちになってノイローゼ気味です。父・博と衝突して、ついに満男は就職活動からドロップアウト。家出してしまうのです。

しばらくするとくるまやに荷物が届いて、満男が四国の小さな島にいることがわかります。ここで頼りになるのが寅さんです。ちょうど四国に用事があるからと、満男の様子を見に行ってくれることになりました。

満男に会ったらどう声を掛けるのか。くるまやの茶の間で作戦会議をしているときに寅さんが提案したのが、このセリフです。

寅さん「伯父さんの顔をよく見るんだぞ。わかるな？　これが一生、就職しなかった人間の成れの果てだ。お前もこうなりたいか」

おいちゃん「わかってるじゃないか、お前〜」

寅さん「俺だって、反省することはあるさ」

タコ社長「その言葉は、効き目があるよ」

寅さんはおいちゃんやタコ社長から馬鹿にされていることにも気付かず、ものすごくいいことを言ったというふうに胸を張っているのが面白い場面です。

第39作『寅次郎物語』では、秀吉少年を突き放すために寅さんが言った**「そんなお粗末な男に、お前なりてえか？」**という名ゼリフを取り上げました。小学生の少年には効果的でしたが、今回の満男はもう大人です。「お粗末な男になりたいか？　なりたくはないだろう。だったら柴又に帰って就職しろ」と言っても、満男から「ああ、なりたいよ、おじさんみたいなお粗末な男に！」と反撃されてしまうかもしれません。

そこで寅さんがチョイスした言葉は、**「就職しなかった人間の成れの果て」**です。成れの果て……。これは強烈です。自分をこれ以上卑下する言葉はあるでしょうか。

いまはＳＮＳの時代で、誰もが自由にものを言える時代になったわけですが、相手に対して攻撃的な書き込みを多く見かけます。一人をみんなで総攻撃して「炎上」なんて言っている。総じてものの言い方がけんか腰、攻撃的なのです。それは裏を返せば、自分が攻撃されるのが怖いから。屁理屈でも何でもいいから相手を攻撃して黙らせたいのでしょうね。

寅さんみたいに自分をとことん卑下したら、相手は思わず笑ってしまうでしょう。「成れの果て」と自分を極端に低くすることで、「いや、そんなにおっしゃらなくても……」と**相手の心を柔らかく動かそうとする寅さんの説得術**は、なかなかの上級テクニックです。

令和の寅さんなら何て言う⁉︎

寅さんのように自分を下げてものを言う。そんな言い方は、いまの世の中に欠けています。これが得意なのは、お笑い芸人です。失敗談でもなんでも自分を下げて笑いを取る。すると視聴者や観客はドッと笑う。スベることもあるでしょうけれど、「なんだか可哀想なやつだな」と同情票も集まって好感度が上がります。正論ばかり言って相手に突っかかる人は嫌われるのです。みなさんも寅さんに学んで、自分を下げて語りませんか？

第47作

『男はつらいよ 拝啓車寅次郎様』

封切日：1994年（平成6年）12月23日
マドンナ：かたせ梨乃
ゲスト：牧瀬里穂、小林幸子
主なロケ地：新潟県上越、滋賀県長浜

志らくの前口上

寅さんの奮闘努力

STORY

満男は大学卒業後、靴メーカーに就職し、営業マンとして働く日々。冴えない日々を送っていると、滋賀県長浜市に住む大学の先輩・川井信夫（山田雅人）から地元の祭り「長浜曳山祭」に誘われます。休暇を取り長浜を訪ねた満男は、先輩の妹・菜穂（牧瀬里穂）とサイアクな出会いをして険悪ムードになりますが、やがて恋愛モードに。一方、寅さんは琵琶湖畔でアマチュア写真家の主婦・典子（かたせ梨乃）と出会います。典子が腕をくじいてしまって、同じ宿に泊まることに。典子は冷め切った夫婦関係の悩みを寅さんに打ち明け……。

今回のマドンナは、倦怠期を迎えた色っぽい主婦です。寅さんとの大人のロマンスと、若い満男と勝ち気な女の子・菜穂とのロマンスが進行します。作品の序盤、一見幸福そうな主婦に寅さんが惚れられてしまう展開が見どころです。

俺はね、逆らわないように風にはこうしてるんだよ。風に当たると疲れちゃうから。

「男はつらいよ」シリーズもいよいよ最終盤の第47作となりました。さすがに時代を感じさせるのは、今回のマドンナ・典子が真っ当な家庭の主婦であるということ。鎌倉の立派な家に暮らしていて、普段は子育てと主婦業に忙殺されているようですが、夫のサポートと理解もあり、年に一度、1週間だけ趣味の撮影旅行を楽しんでいます。一人で自然風景に向き合い、写真を撮影することが典子の生きがい。「男はつらいよ」史上、これほどまできちんとした暮らしをしている、**ケチのつけどころがないマドンナ**は初めてではないでしょうか。

典子が寅さんに惹かれる瞬間があります。琵琶湖畔で2度目に寅さんと会ったとき、また短い会話をして立ち去ろうとする寅さんに、「これからどこいらっしゃるの？」と聞きます。するると寅さんは、あたりを見渡しながら、こう言います。

「俺は旅人だからな、風の吹くまま気の向くまま。歩きながら考えるさ」

あばよ……と寅さんが言った直後に、典子が足を滑らせて転倒。腕をくじいてしまいます。手を貸してやり宿に落ち着いた二人でしたが、典子はケガで弱気になったのか、酒をあおって寅さんにもっとお話をしてと甘えます。

典子「そういえば寅さん、風が吹くように現れたわね」

寅さん「そう？ 俺はね、風にはこう逆らわないようにしてるんだよ。風に当たると疲れちゃうから」

典子「フフフフ。おかしな人ね寅さんって」

幸福そうに見える典子でしたが、夫婦関係が冷め切っていることもわかります。年に一度の撮影旅行は、そのストレスを発散させる唯一の機会。だから腕をくじいたぐらいで断念するのはどうしてもイヤ。そんなとき風のように現れた寅さんに、典子の気持ちが強く惹きつけられ、典子のほうが寅さんに惚れてしまったのです。

数日後、タクシーで宿に駆けつけた典子の亭主が、玄関先で見送る寅さんと鉢合わせします。

去り際に亭主は、「なんだ、あの背広着た男？」と聞きます。人を身なりで判断するのでしょう。小馬鹿にしたような口調です。これに対して典子は心の底から冷めた表情で、**「ちょっとお世話になった人」**と答えます。このセリフで、典子が寅さんに強く恋心を抱いていたことがわかりゾクゾクッとします。普通だったら、

「あの人、車寅次郎さんといって東京の葛飾柴又の方。きのうケガをしたとき助けてもらって、お世話になったのよ」などと言うでしょう。でも、寅さんに惚れてしまった後ろめたさから、「ちょっとお世話になった人」と言って会話を切ってしまう。**何でもないセリフで、女性の揺れる心情を描いてみせる山田洋次監督に敬服**します。

さて、ここで少し掘り下げてみたいのは、「風に逆らわない生き方」とは何かということです。風のように現れた男＝寅さんに、どうして真っ当な主婦＝典子が惚れてしまったのかを読み解くカギがあります。

これまで「男はつらいよ」シリーズで寅さんは、自分自身の生き方を雲や風にたとえて説明してきました。

「ほら見な、あんな雲になりてぇんだよ」（第9作『柴又慕情』）

「風の吹くまま気の向くまま、好きなところへ旅してんのよ。まあ、銭になんねえのは玉にき

ずだけどな」（第31作『旅と女と寅次郎』）
「困ったことがあったらな、風に向かって俺の名前を呼べ」（第43作『寅次郎の休日』）
「寂しさなんてのはなぁ、歩いてるうちに風が吹き飛ばしてくれらぁ」（第44作『寅次郎の告白』）

風の吹くまま気の向くままのフーテン暮らし。これは**「ケセラセラ（Que Sera, Sera）」**と同じ、**「なるようになるさ」**ということです。きちんと社会生活を送って生きている人ほど、自由への憧れの気持ちが強いものです。思い切りハメを外してみたい欲求もあります。普段はそんな気持ちにフタをして暮らしていても、風のように自由な人物に出会うと、「私も本当はこんなふうに生きたい」「この人と恋をして、どこかに行ってしまいたい」という気持ちになるのです。だから寅さんは多くの女性の心をとらえて離さないのですね。

私の師匠・立川談志にも有名なフレーズ**「人生、成り行き」**というのがあって、談志の半生を描くドラマのタイトルにもなりました。世間では波瀾万丈ではちゃめちゃな生き方で知られた談志が遺した**人生訓のような言葉**です。

風に逆らわず成り行きで生きていく。寅さんや談志の生き方に、私も影響を受けています。

「テレビには絶対に出ない」と言い張っていた私がコメンテーターの仕事を始めたのは、メディアが毒舌コメントをほしがっていた時期でした。それに乗っかって登場し、最初のうちは言いたい放題でやっていました。でも、新型コロナウイルスが流行して時代の空気が変わり、毒舌コメントだけが私の役割ではなくなっていきました。そんなときに、「いいや、俺は毒舌でいくんだ」と風に逆らっても仕方がないことです。

寅さんは**「風に当たると疲れちゃうから」**と言った。談志は**「人生、成り行き」**と言っていた。だから成り行きに任せてみよう。またいつか毒舌の風が吹くかもしれないし、いまの路線も楽しいと言えば楽しい。そうやって続けていく先に、何かまた新しい風が吹くに違いない。

私の中の寅さん、私の中の談志と相談しながら、無理せず楽しく生きていこう。

そんなふうに考えているのです。

令和の寅さんなら何て言う!?

私がいま「人生、成り行き」と言えるのも、若いころに破天荒な時期があったからです。前座のころはチャンスをもらったら絶対に爪痕を残してやろうと必死でした。ラジオのゲストに呼んでもらったのに、毒舌を吐きまくってスタッフを凍りつかせたことも。もしも私の弟子が「風に逆らうと疲れちゃう」なんて適当に仕事を流していたら、コイツはダメだと思うでしょう。年を重ねて、ようやくわかる寅さんの金言があるのです。

第48作

『男はつらいよ 寅次郎紅の花』

封切日：1995年（平成7年）12月23日
マドンナ：浅丘ルリ子、後藤久美子
ゲスト：夏木マリ、田中邦衛
主なロケ地：兵庫県神戸、岡山県津山、鹿児島県奄美大島、鹿児島県加計呂麻島

志らくの前口上

寅さんの奮闘努力

STORY

阪神淡路大震災の直前、神戸からふいに連絡があったきり。くるまや一家は寅さんの行方を案じていました。一方、満男は恋焦がれている泉からお見合い結婚の相談を受けて、しっかり反対もできず生返事。その挙句、泉の結婚式に乗り込んで妨害する大騒動まで起こしてしまいます。失意の満男はフラリと奄美大島に旅立ちますが、そこで親切にしてくれた女性は、なんと寅さんと昔なじみのリリーで……。

26年間にわたり渥美清が車寅次郎を演じてきた「男はつらいよ」も、本作がひと区切りとなります。最後のマドンナは、やはりこの人、寅さんにとって運命の女性、リリーです。第25作『寅次郎ハイビスカスの花』以来15年ぶり4回目の登場で、最後がリリーで本当によかったと心から思える第48作です。満男と泉の恋模様も今回が5回目。いよいよクライマックスを迎えます。

男が女を送るっていう場合にはな、その女の家の玄関まで送るっていうことよ。

渥美清が演じ続けた「男はつらいよ」の最後を締めくくるにふさわしい作品です。マドンナは浅丘ルリ子演じるリリー。もう本当にお似合いのカップル。**さくらが夢見た寅さんとリリーの結婚は、果たして現実になるのか。**これが見どころの作品です。

満男の恋は煮え切らないまま、泉ちゃんが見合い結婚することに。自暴自棄になった満男は泉がいる津山に乗り込み、婚礼をめちゃくちゃにしてしまいます。その後、たどり着いた奄美大島で派手な女性に声を掛けられ、彼女の家についていくと、そこにいたのが寅さんでした。じつはこの女性、とらやに何度も来ていたリリーで、なんと寅さんとリリーは加計呂麻島の小さな家で一緒に暮らしていたのです。

作品の終盤、寅さんはリリーを連れて柴又に帰ってきますが、また口論になり、リリーは出て行こうとします。さくらにうながされ、寅さんはリリーの後を追います。タクシーに寅さんとリリーが乗り込み、寅さんの口から最高に粋な名ゼリフが飛び出します。

リリー「ねえ、寅さん、どこまで送っていただけるんですか？」

寅さん「男が女を送るっていう場合にはな、その女の家の玄関まで送るっていうことよ」

惚れた女のためなら、どんなに遠くたって家の玄関まで送って行く。どこまでも俺はついていくぜ。これは寅さんからリリーへの愛の言葉です。**寅さんから初めて愛の告白を聞いたリリーの表情に幸福感が満ちていく**——たまらなく感動的なシーンです。

「男はつらいよ」という作品は、題名からして「男」だとか「女」にこだわり続けてきました。最近はジェンダーレスの時代ですから、男にしかわからないとか、女のくせにとか、性差に基づく表現を控える傾向にあります。女性蔑視をなくしていくのは世の中の動きとしていいことだけれど、「男が惚れた女を送る場合は、その女の家の玄関まで」だとか、男の意地、女の愛嬌といった日本人独特の感覚、表現までなくしてしまうことには危機感を覚えます。

映画全体を見ないで言葉だけを切りとれば、「女だってつらいのだから、『男はつらいよ』は差別だ」となるのかもしれません。でも、「男はつらいよ」シリーズは26年間にわたって車寅次郎という男の成長を描いた物語です。全作品を観れば、男尊女卑や女性蔑視がテーマの映画ではないことぐらいわかるはずです。

「男はつらいよ」が面白いのは、寅さんと満男だけが成長する物語だからです。あとの大人たち、おいちゃん、おばちゃん、さくらに博は、ほとんど成長しません。**年齢を重ねても凝り固まることなく、つねに成長をやめない男の物語**だから、寅さんは愛されるし、面白くて楽しい。ずっと繰り返し観ていたくなるのです。

令和の寅さんなら何て言う!?

ジェンダーレス社会が進み、男にしかわからない粋な表現、女にしか理解できない機微みたいなものが消滅したら、日本の文化は恐ろしく薄っぺらなものになるでしょう。日本人が「男はつらいよ」と古典落語を理解しなくなったとき、それは日本文化が終わるとき。日本人が日本人でなくなる日本人最後の日……。そんな日が来ないことを切に願いながら、私はこれからも繰り返し「男はつらいよ」を見続けることでしょう。

あとがき

この本を作るにあたって山田洋次監督と2時間ほどお話をさせていただいた。寅さんがもしマドンナと一緒になったらどうなっただろうかという話題になった。話は尽きなかったが、「現代は寅さんが生きづらい世の中だなあ」と、ふと監督がつぶやいた。

もし寅さんが令和の時代に現れたらどうなるだろう？　確かに現代でも心に刺さる言葉はたくさんある。でも令和の社会に車寅次郎は似合わない。昭和の時代だからこそ寅さんは生きられた。あんな風な姿の人がいてもさほど違和感を覚えないというか、私の子どものころには腹巻のおじさんとか雪駄履きや下駄の人なんかもいたし、下町の電車には行商老婆がいたし、渋谷のガード下には靴磨きが軒を並べていて、その合間に傷痍軍人がアコーディオンを演奏していた。夕方になると豆腐屋がラッパを吹きながらサイドカーに乗って売りに来ていたし、買い物に行くのはスーパーよりもっぱら町の小売店。乾物屋に魚屋に酒屋で買い物をするのが当然の時代。寅さんがいても何ら不思議ではない街並みであった。

いまの時代に寅さんが現れてスーパーで買い物をする姿は想像がつかない。携帯を持っている寅さんなんて寅さんではない。もし寅さんが携帯を持っていたら、とらやのみんなは寅さんがどこで旅をしているのかわかってしまって、それはそれで安心なのだが、映画として成立しなくなってしまう。それでももし寅さんが現れたらどうなるだろうか？

近頃は除夜の鐘がうるさいと寺に苦情を言った人がいたそうな。寺も寺でその年の除夜の鐘を中止したそうだ。除夜の鐘をうるさいなんて思う心は間違っていると説教するのがお坊さんの仕事のはずなのに。御前様なら絶対に怒るはず。寅さんなら大いに嘆いてそいつの家に乗り込んで行き、最初はケンカになるだろうが気がつくと仲良くなってしまう。

保育園の子どもの声が騒音だとクレームをつけた人までいる。確かに深夜まで仕事をしている人なら朝の子どもの声はつらい。でもそれを口に出さないのが大人というもの。寅さんがいたらそいつの家に行って、きっと耳栓をあげていたかもしれない。

確かに車寅次郎は令和の現代社会にはそぐわない。でも寅さんと触れ合ったら、きっとその人は寅さんのことが大好きになるはずだ。もちろん寅さんは令和の町には現れない。だからこそ映画を観るべきなのだ。一人でも多くの人に「男はつらいよ」を観てもらい、いつまでも日本人であり続けてほしいと願っています。

© 小川峻毅

立川志らく

Shiraku Tatekawa

1963年、東京生まれ。
1985年、立川談志に入門。
1995年、真打昇進。
落語家、映画監督（日本映画監督協会所属）、映画評論家、エッセイスト、昭和歌謡曲博士、劇団主宰と幅広く活動している。
山田洋次監督との親交も深く、監督も認めるほどの「寅さん博士」。
著書には、
『進化する全身落語家
時代と芸を斬る超絶まくら集』（竹書房）
『志らくの食べまくら』（双葉社）
『落語名人芸「ネタ」の裏側』（講談社）
『志らくの言いたい放題』（PHP文庫）
『雨ン中の、らくだ』（太田出版）
『全身落語家読本』（新潮社）などがある。

決定版《けっていばん》

寅《とら》さんの金言《きんげん》 現代《げんだい》に響《ひび》く名言集《めいげんしゅう》

2023年8月22日　第1刷発行

立川《たてかわ》志《し》らく

発行人・編集人・奈良原敦子（株式会社ART NEXT）

発行所　株式会社ART NEXT
〒150-0043
東京都渋谷区道玄坂1-12-1
渋谷マークシティW22階
info@art-next.co.jp

発売　日販アイ・ピー・エス株式会社
〒113-0034
東京都文京区湯島1-3-4
電話03-5802-1859

印刷・製本・株式会社光邦

「男はつらいよ」シナリオ協力／松竹

ISBN978-4-910825-15-1　Printed in Japan